一天一個
歷史小故事

5 東漢、三國

桃默 著

給兒童的話——
歷史是甚麼東西?

　　曾經發生過的事情,曾經存在過的東西,都可以叫做歷史。每一個人、每一件事物都有屬於他的歷史,正如你們兒童也有自己的歷史一樣,好像:往年收過甚麼生日禮物、大前天去過哪兒玩耍、五歲那年跌倒留下的小小疤痕……這些經歷,便是你們的「歷史」了。你們有沒有發覺,當你們把這些經歷和同學分享時,跟講故事也差不多?如果你們的經歷有趣,同學也會聽得津津有味呢!

　　歷史,就是一個又一個千奇百趣的故事。

　　就我所知,沒有兒童是不愛聽故事的,所以我想,你們一定也喜歡聽歷史故事!既然這樣,我就挑一些有趣的歷史故事告訴你們吧!

　　當你們熟悉了這些歷史人物的故事後,和同學聊天的話題就更多了;大人們的話、書報、電視節目裏提到相關事情,你們也更容易明白;學習中國語文時,這些知識都對你們有很大幫助。

　　再說,歷史故事其實跟童話、寓言一樣,都能教給我

們一些道理。如果大家在讀這些歷史故事時，能夠吸取當中的教訓，向做好事、存好心的古人學習，自然就是一個乖孩子，不用等到「撞板」了才後悔！

歷史

給爸媽的話──為甚麼我們要讓孩子讀歷史?

有些人很抗拒讀歷史。

當然,如果作為一個需要考試的科目,歷史的範圍委實太廣,不知從何讀起。那當消閒讀物去看好吧?明明充斥着許多趣味故事,為甚麼還是有人覺得討厭?

這些人有千種理由──譬如歷史都是人寫出來的,潛台詞是統治者為了自身利益而改寫甚至虛構歷史,總之就是不信;又或者說,歷史盡是一次又一次重複着相同的惡行,不懂吸取教訓;甚至有性情激烈的人批評,所謂歷史都是人類爾虞我詐、自相殘殺的故事等等。

關於歷史書的可信度問題,我國向來都是「官方修史」,由當權者組織史學家撰寫前一個朝代的歷史,也將當時發生的事記錄下來。但由於我國古代知識分子十分多,除了官史,還有各式各樣的文字紀錄,方便後人互相考證──哪怕好像秦檜這種隻手遮天的權臣,妄想操縱歷史,都以失敗告終。

至於說歷史不斷重複,這正正反映了研讀歷史的重要性。漢朝初期幾個皇帝吸取秦朝暴政的教訓,讓

國家休養生息，成就四百年基業；唐朝唐太宗的出身跟隋朝的隋煬帝十分相似，更加倍的以史為鑒，竭力避免重蹈隋煬帝的覆轍……這些都是明證。那許多重複犯錯的人，不就是因為輕視歷史之故？難道我們要變成他們的一分子嗎？

　　有的人讀歷史書，每當讀到陷害忠良、殘民自肥的部分，便會痛心疾首，悲憤於人類的「十惡不赦」；但翻到記載輝煌成就的頁數時，又會嗤之以鼻，以為沒必要為過去而沾沾自喜。其實，一個人也好，一個民族也好，一個國家也好，總會有些優點、有些缺點，我們應該學會客觀分析，給予公正的評價。就算我們再「恨鐵不成鋼」，抱着「愛之深、責之切」的態度看待自己的國家，但把前人的缺點無限放大之餘，又無視、抹殺他們的優點，這叫公平嗎？

　　讓我告訴大家一個故事：上世紀初，朝鮮歷史學者兼政治家申采浩為了反抗日本侵略，想到了用歷史來凝聚國民，於是拿民間傳說來借題發揮，把朝鮮開國時間「追溯」至我國的堯舜時期。這段「歷史」竟然獲得南韓和北韓政府認可，成為了「官方歷史」，朝鮮人從此有了民族自信。我不贊成弄虛作假、積非成是，相反，還要對有疑點的歷史不斷進行考證。然而世界上所有國家、所有民族的過去，同時有着黑暗和光明，當別人爭相發掘祖先的輝煌過去時，我們何必吝嗇那一點應得的自豪感？

很高興又在這第五本《一天一個歷史小故事》跟大家見面。

上一本書，桃默為你講述的是西漢，又叫做前漢時期的故事。

在我國歷史上，有幾個朝代被分成兩部分，漢朝就是其中一個。至於原因嘛，都是因為中間發生一些「大事件」，導致換了皇帝、搬了國都，甚至連國土都出現大變化。不過，漢朝的情況有點特別：首先，在這前後兩個階段（西漢、東漢）之間，曾經斷開十幾年，被另一個朝代取代了；其次，當漢室取回政權後，竟然把這後半部分的東漢，經營得跟西漢同樣輝煌！

東漢之後，就是著名的三國時代，甚麼桃園結義呀、赤壁之戰呀，都屬於這時候的故事。現在，就請你和我、和這許多歷史人物一起，暢遊這輝煌璀璨的東漢以及三國時代吧！

目　錄

想成功騙人，先要騙倒自己——王莽

西漢到了晚期，皇帝雖然姓劉，國家卻掌握在太后**王政君**的家族手裏。大司馬一職（國家最高官職）由太后的兄弟輪流做，王家真是炙手可熱啊！

太后的兄弟們先後老去、逝世，便從王家子侄裏挑選了**王莽**來「接棒」。王莽為甚麼能夠脫穎而出？原來王莽的爸爸很早就死了，來不及跟自家兄弟「有福同享」，太后每次想到這個不幸的哥哥都很痛心，因此對王莽十分照顧。但王莽知道沒有父蔭就是「倒霉（粵音梅）孩子」，他必須更努力去做好自己，裝備自己！於是，王莽鑽研學問，認真做事，友愛兄弟，孝順長輩；他的那些堂兄弟卻因為家大業大，一個個都變得驕縱跋扈（粵音拔戶）。王莽與他們相比，高下立判。

王莽在太后的支持下當上大司馬，同時成為王氏一族

的「話事人」。可是沒多久，皇帝忽然死了，由新皇帝繼位——這新皇帝叫**漢哀帝**，是個任性的昏君，一言不合就把王莽「炒魷魚」，趕出朝廷！

不過，王莽從小就知道「忍一時風平浪靜」的道理，他乖乖的待在家裏，暗地裏用盡各種方法收買人心，靜候反敗為勝的機會。而這個機會，很快就來了！

哀帝十九歲登位，二十六歲就死了，前後不過做了七年皇帝，難怪叫做「哀帝」了。太后王政君乘機把王莽叫回來「處理」皇帝喪事，王莽也就順便「處理」掉哀帝任命的大司馬——那是一個跟哀帝感情很好，但毫無才幹的年青人，哀帝死後他只懂得哭，王莽很容易便把他拉下來。

為免重蹈覆轍（被皇帝炒魷魚），王莽和王政君商量，擁立一個九歲的小皇帝。皇帝這麼小，一切都是王莽説了算，讓他可以肆（粵音試）無忌憚（粵音但）地從各方面鞏固實力。幾年後，小皇帝逐漸懂事，對王莽愈來愈不信任，於是王莽先下手為強，把小皇帝給毒死了。

「事到如今，不如由我自己做皇帝吧！」王莽有了這個想法後，便找來一個兩歲不到的小孩來做皇帝，同時繼

續大做善事，讓自己成為全國最受百姓歡迎的人物，在民間可以說是「人氣爆燈」！等到收獲了足夠的愛戴和支持後，王莽找人製造了許多假「祥瑞」，讓迷信的臣民相信上天要改朝換代，就像當年秦朝被漢朝取代一樣，漢朝也要完結了，而取代漢朝的，正正就是「大善人」王莽！

於是，王莽輕輕鬆鬆坐上了龍椅，建立了一個屬於自己的新朝代，國號就叫做「新」。這一年是公元 9 年，人類用公元來紀年的第九個年頭。

許多人都覺得，王莽是歷史上最奸詐狡猾的人之一，是「假仁假義」的代表人物。事實上，歷朝歷代想要「謀朝篡位」的奸臣中，他也是最成功的一位。但我得公允地說，王莽年青時是真的謙遜（粵音信）恭儉，知書識禮，慈愛和睦（粵音木）；等到他做了官，是真的認真辦事，處處大公無私；只要發生天災，也是真的用自己的錢財救助災民，無數百姓因此受惠。所謂「假」，並非說他假裝做好事、做做模樣而已，而是說他做好事的動機不單純，是為了收買人心。

但王莽絕大部分時候都在做好事，人前人後貫徹始

終，至少在他年輕時，甚至中年以前，都沒有人發現「真相」。假如王莽一直都在騙人，那需要多大的堅持才不出錯漏啊！假如王莽真是騙人，我認為他首先要騙倒自己，連自己都相信「我是個好人」，才能夠義無反顧地去做那種種好事——這就是所謂的「自欺欺人」了。

因此，等到王莽做了皇帝，並沒有流露出真性情（如果有所謂真性情的話），而是變本加厲，更嚴重地「鑽牛角尖」——他要進一步當一個媲美**周文王**的聖人、明君！

王莽知道漢朝走到這一步已經百病叢生，必須大刀闊斧地進行改革，所以才會改國號「新」；另一方面，他年輕時讀書，便很欣賞古代聖賢的制度和學說，於是他提出的「改革」，竟然是玩起「復古」來，將周朝的制度重新包裝、推出！要知道，那已經是一千年前的制度了，就算一千年前是好制度，一千年後也只剩下四個字：「不合時宜」。

國號叫做「新」，制度卻是舊的，這種矛盾，或許就是自欺欺人的後遺症。

漢朝的社會原本只是慢慢地敗壞中，給王莽這麼一

搞，瞬間天下大亂，經濟崩潰（粵音繪），人們活不下去了，紛紛起來反抗。誰想到曾經的「全國第一好人」，不出幾年竟變成了「全民公敵」？王莽接受不了，竟然迷信起來，正經事不做，卻做了許多祭天、哭天的行為。

公元 23 年，反抗軍攻入**長安**，將六十九歲的王莽殺死。只有一個皇帝的新朝，短短十四年就滅亡了，所以許多人不把它當一個正式的朝代看。

歷史小百科

1 王莽甚麼時候想到要自己做皇帝？

經歷漢朝初期的動亂，漢武帝成功解決藩王問題，加上標榜忠君愛國的儒家學說，漢室君權得到鞏固，劉姓宗室都不敢痴心妄想，更不用說異姓大臣了。起初，王莽因為缺少父蔭這一塊，所以認定要比堂兄弟們更加努力，才會獲得叔叔伯伯的青睞（粵音來）；等到他繼任大司馬，很快又被趕出朝廷。我認為直至哀帝逝世，王莽立了一個九歲的小皇帝後，他才真正感受到大權在握的快感，同時也因為帝位唾手可得，「不要白不要」，這才起心動念要取代漢朝。

② 說帝位「唾手可得」是甚麼意思？

當初，劉邦分封子侄做藩王，就是為了讓大家一起保護劉家的天下，誰知道他們反而成為國家的禍害，而漢武帝解除藩王威脅的同時，也等於解除他們保護朝廷的力量。此外，漢朝君臣的水平每況愈下，朝廷幾乎沒有人才，即便有，也都是王家的黨羽。本來，外戚之間會互相爭權奪利，但漢哀帝出於個人感情，讓一個叫做**董賢**的小夥子做大司馬，這董賢無才無德，甚至連奸臣都稱不上，一下子便給王莽收拾了。再加上皇帝一個比一個年幼，朝廷之內無人能當王莽的對手，民間對王莽更是十分愛戴，王莽坐上龍椅就成了皇帝，幾乎沒遇到甚麼阻礙。

東漢、三國

③ 王莽做過哪些收買人心的行為？

太多了，我舉兩個最「經典」的例子吧！首先是在民間，出錢出力救濟災民那些事就不說了，有一回王莽的兒子錯手殺死一個奴婢，這在當時很容易遮掩過去，就算以刑法來說，也不算甚麼罪行，可是王莽卻從倫理角度出發，逼使兒子自殺償命，這令到王莽成為百姓心目中的正義使者、大公無私的象徵。其次是在朝廷，假如你要謀朝篡位，應該會想法子清除那些宗室子弟吧？可是王莽看穿那許多宗室，大部分都鬱鬱不得志，於是主動給他們許多好處，等到王莽奪取劉家的天下時，這些劉姓宗室都是「睜一隻眼閉一隻眼」，甚至有人「舉腳贊成」呢！

④ 王莽那些「善舉」都是假的嗎？

唐朝有這麼一首詩：「**周公**恐懼流言日，王莽謙恭下士時。向使當初身便死，一生真偽復誰知？」說的是西周時候周公輔助**成王**，曾被中傷說他想自己做天子；王莽還是大司馬的時候，他的謙恭贏得臣民愛戴。假如這兩人早早就死了，周公沒來得及還政成王，王莽沒來得及自己做皇帝，甚麼是真，甚麼是假，又有誰知道啊？所以我國有句話叫「蓋棺定論」，只有等人死了，整件事完結了，才能公正地評論。不過我想說的是，就像「假」字原來沒有貶意一樣（假有充當、代替品的意思），「偽」也是一個中性詞，就是「人為」的意思，也就是「後天」的意思。到底我們人類是「性本善」還是「性本惡」，其實不重要，重要是我們可以透過學習去達到和維持「善」。王莽的種種作為，無論是否出於本意，無論動機是甚麼，都真正的讓百姓獲得救助，人民是有感的，即便是「偽善」，難道就不是善事嗎？我個人認為，這並不算是欺騙。

——東漢疆域圖——
公元25年至公元220年

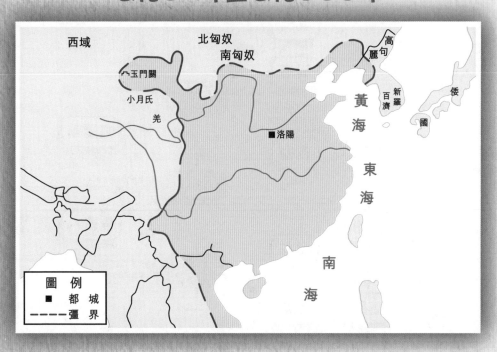

西域　　　　北匈奴
　　　　　　南匈奴　　　　　高句麗
玉門關
小月氏
羌
　　　　■洛陽
　　　　　　　　　　新羅
　　　　　　　　　百濟　　倭
　　　　　　　　　　　國
　　　　　　　　黃海
　　　　　　　　東海
　　　　　　　南海

圖　例
■　都城
——　疆界

東漢

公元 25 年至公元 220 年

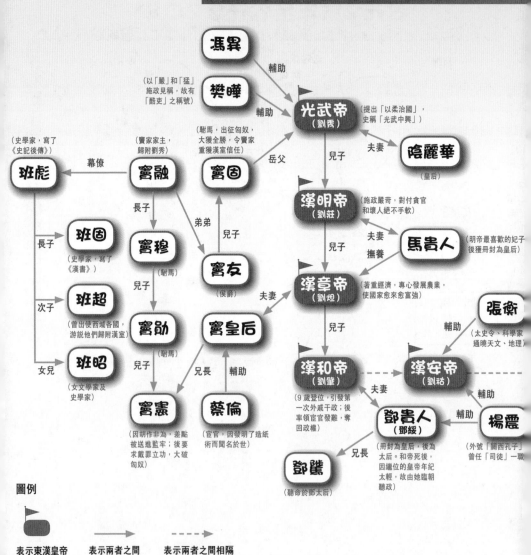

馮異 ──輔助──→ **光武帝（劉秀）** （提出「以柔治國」，史稱「光武中興」）

（以「嚴」和「猛」施政見稱，故有「酷吏」之稱號）

樊曄 ──輔助──→

光武帝 ──夫妻──→ **陰麗華**（皇后）

光武帝 ──兒子──→ **漢明帝（劉莊）** （施政嚴苛，對付貪官和壞人絕不手軟）

（史學家，寫了《史記後傳》）**班彪** ←──幕僚── **竇融**（竇家家主，歸附劉秀）

（駙馬，出征匈奴，大獲全勝，令竇家重獲漢室信任）**竇固** ──岳父──→ 光武帝

班彪 ──長子──→ **班固**（史學家，寫了《漢書》）

班彪 ──次子──→ **班超**（曾出使西域各國，游說他們歸附漢室）

班彪 ──女兒──→ **班昭**（女文學家及史學家）

竇融 ──長子──→ **竇穆**（駙馬）

竇融 ──弟弟──→ **竇友**（侯爵）

竇固 ──兒子──→ 竇友

竇穆 ──兒子──→ **竇勳**（駙馬）

竇勳 ──兒子──→ **竇憲**（因胡作非為，差點被送進監牢；後要求戴罪立功，大破匈奴）

漢明帝 ──夫妻──→ **馬貴人**（明帝最喜歡的妃子，後獲冊封為皇后）

漢明帝 ──兒子──→ **漢章帝（劉炟）** （著重經濟，專心發展農業，使國家愈來愈富強）

馬貴人 ──撫養──→ 漢章帝

竇皇后 ──夫妻──→ 漢章帝

竇友 ──兒子──→ **竇皇后**

竇皇后 ──兄長──→ 竇憲

蔡倫（宦官，因發明了造紙術而聞名於世）──輔助──→ 竇皇后

漢章帝 ──兒子──→ **漢和帝（劉肇）** （9 歲登位，引發第一次外戚干政；後率領宦官發難，奪回政權）

張衡（太史令、科學家，通曉天文、地理）──輔助──→ **漢安帝（劉祜）**

漢和帝 ┄┄→ 漢安帝

漢和帝 ──夫妻──→ **鄧貴人（鄧綏）** （冊封為皇后，後為太后。和帝死後，因繼位的皇帝年紀太輕，故由她臨朝聽政）

楊震（外號「關西孔子」，曾任「司徒」一職）──輔助──→ 漢安帝

鄧貴人 ──兄長──→ **鄧騭**（聽命於鄧太后）

圖例

🚩 表示東漢皇帝

──→ 表示兩者之間的關係

┄┄→ 表示兩者之間相隔多於一位皇帝

人物關係圖

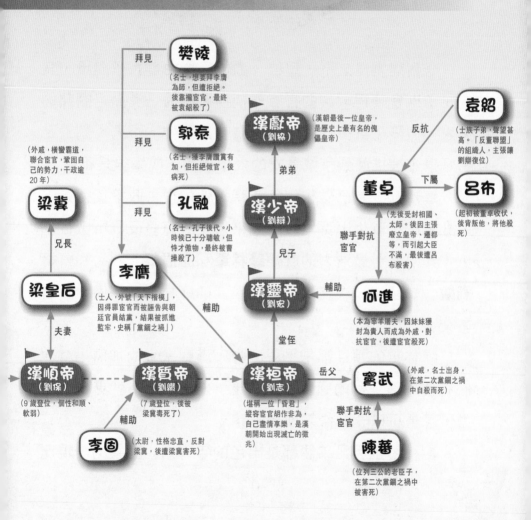

樊陵
（名士，想要拜李膺為師，但遭拒絕。後靠攏宦官，最終被袁紹殺了）

拜見

郭泰
（名士，獲李膺讚賞有加，但拒絕做官，後病死）

拜見

孔融
（名士，孔子後代。小時候已十分聰敏，但恃才傲物，最終被曹操殺了）

拜見

李膺
（士人，外號「天下楷模」，因得罪宦官而被誣告與朝廷官員結黨，結果被抓進監牢，史稱「黨錮之禍」）

漢獻帝（劉協）
（漢朝最後一位皇帝，是歷史上最有名的傀儡皇帝）

弟弟

漢少帝（劉辯）

兒子

漢靈帝（劉宏）

堂侄

輔助

梁冀
（外戚，橫蠻霸道，聯合宦官，掌固自己的勢力，干政逾20年）

兄長

梁皇后

夫妻

漢順帝（劉保）
（9歲登位，個性和順、軟弱）

漢質帝（劉纘）
（7歲登位，後被梁冀毒死了）

輔助

李固
（太尉，性格忠直，反對梁冀，後遭梁冀害死）

漢桓帝（劉志）
（堪稱一位「昏君」，縱容宦官胡作非為，自己盡情享樂，是漢朝開始出現滅亡的徵兆）

岳父

袁紹
（士族子弟，聲望甚高。「反董聯盟」的組織人，主張讓劉辯復位）

反抗

董卓
（先後受封相國、太師。後因主張廢立皇帝、遷都等，而引起大臣不滿，最後遭呂布殺害）

下屬

呂布
（起初被董卓收伏，後背叛他，將他殺死）

聯手對抗宦官

何進
（本為宰羊屠夫，因妹妹獲封為貴人而成為外戚，對抗宦官，後遭宦官殺死）

輔助

竇武
（外戚，名士出身，在第二次黨錮之禍中自殺而死）

聯手對抗宦官

陳蕃
（位列三公的老臣子，在第二次黨錮之禍中被害死）

文武雙全的皇帝
——光武帝劉秀

第二個故事

在封建制度之下，皇位、爵位只能由嫡長子繼承，其他兒子則會獲得較次的官職作補償。**劉秀**是漢高祖**劉邦**的後人，但隔了許多代，他已淪為普通百姓。不過，劉秀聰明好學，被推薦到京城長安的太學讀書，成績很是不錯。

這時候王莽已做了幾年皇帝，他的復古政策搞得天下大亂，民不聊生，百姓紛紛起來造反。這些反抗軍數目不少，其中聲勢最浩大的就是**綠林軍**和**赤眉軍**。劉秀和哥哥**劉縯**（粵音演）決定加入評語較佳的綠林軍，準備幹一番事業。

綠林軍的頭目都是平民出身，漢朝宗室的加盟，讓他們有種如獲至寶的感覺——這樣一來，綠林軍就更有號召力，甚至可以一鼓作氣推翻王莽。

劉縯、劉秀兄弟倆都是出色的年青人，劉縯的表現比

劉秀更搶眼，是個豪氣干雲、魅力十足的領袖人物。綠林軍中便有人想把他捧做皇帝，可惜晚了一步，綠林軍的其他部隊搶先推舉了同屬宗室的劉玄做皇帝。

公元 23 年，綠林軍攻陷長安，殺死王莽，劉玄正式坐到京城的龍椅上面。劉玄忌憚人氣極高的劉縯，於是設計把他殺死。劉秀知道劉玄也想對付自己，便帶着親信部下遠遠躲了開去。

劉秀率兵四處征討，避開劉玄，劉玄也奈何不了他。期間，劉秀擊敗了另一支相當厲害的**銅馬軍**，推心置腹地把銅馬軍收為己用，因此實力大增，足以跟綠林、赤眉分庭抗禮，當時便有人戲稱他為「銅馬帝」。

公元 25 年，赤眉軍也找來一個姓劉的傢伙做皇帝，劉秀心想：「姓劉的就敢做皇帝，我這貨真價實的漢朝宗室為甚麼不可以？」於是他也跟着稱帝，就是歷史上赫赫（粵音客）有名的東漢光武皇帝。

這「三分天下」的局面，沒過多久就結束了，先是綠林軍被赤眉軍擊破，劉玄被殺；後來赤眉軍又被劉秀打敗。不過，當時天下還有不少割據勢力，劉秀差不多花了十年

時間才統一全國。

　　過去那許多皇帝之中，即使被稱為明君，也是各有所長，文武雙全那是多難啊！劉秀還是平民時，獲推薦到太學讀書，在那裏鑽研學問，學術水平和文化修養在歷代皇帝中絕對是數一數二，他做了皇帝後，便常常拉着大臣們一起交流學問心得。更難得的是，劉秀看來溫文爾雅，沒有哥哥劉縯長得威武，他的軍事才華卻毫不遜色！起初，劉秀只是個帶兵的將軍，多次打出漂亮的勝仗；後來他做了皇帝，看軍情報告便能估計出勝負，又能給予前線將領中肯的意見。劉秀統一全國，有二十八人功勞最大，合稱「雲台二十八將」，然而劉秀的將才絕不在他們之下，假如由他在前線領兵，說不定會更早完成統一大業呢！

　　劉秀待人寬容、真誠，而且不記仇，對於曾經的對手，甚至有份害死他兄長的人，只要誠心歸附，他都不計較。劉秀擊敗銅馬軍後，銅馬軍的將領雖然投降，但心中有許多疑慮，並不信任劉秀。劉秀決定讓他們繼續指揮自己的軍隊，隔天更不帶部下，親自前去他們的軍營探視。銅馬軍的將領跪滿一地，痛哭流涕地說：「你把你的真心放到

我們胸腹之中，我們怎麼敢不信任你呢？」從此死心塌地追隨劉秀。

劉秀做了皇帝後，給割據四川的**隗囂**（粵音葵僥）寫信，勸他投降。隗囂有些猶疑，便派心腹**馬援**去見劉秀，打探虛實。劉秀熱情地招待了馬援，態度非常誠懇。馬援大是感動，回去對隗囂說：「劉秀是個可以信賴、值得追隨的人！」隗囂沒聽馬援的話，馬援十分失望，自個兒跑去追隨劉秀，後來為漢朝立下許多汗馬功勞。

親眼目睹國家被王莽搞得污煙瘴氣後，劉秀提出「以柔治國」，跟西漢初年的黃老治術差不多，讓國家迅速恢復過來，我們稱為「光武中興」。這「中興」二字，說明西漢、東漢同屬一個漢朝，所以漢**光武帝**劉秀並非開國皇帝，而是中興之主。

劉秀

歷史小百科

① 東漢為甚麼叫東漢？

漢朝是劉姓皇族的天下，因為王莽政變成功而分成前後兩半，所以也叫前漢、後漢，聽起來簡單得多。至於東漢跟東周一樣，以新都城**雒陽**（洛陽）的位置命名。即使在剛以公元紀年的東漢初年，長安和雒陽都已經算得上千年古都了，長安有險可守，洛陽交通便利，兩者各有長處，只要其中之一因為歲月或戰火洗禮而變得殘舊破敗，另一個正是遷都的最佳選擇。

② 東漢的國力比得上西漢嗎？

　　同一個朝代分成兩半的，有周朝、漢朝、晉朝和宋朝。周朝你們都知道了，原來的周天子被兒子聯合外族**犬戎**推翻，雖然這個兒子後來也即天子位，但已失去諸侯們的尊敬，所謂東周，不過是諸侯混戰的春秋戰國時代。晉朝和宋朝的故事我們後面再說，但漢朝跟這三個朝代都很不一樣：兩漢之間，斷開了整整十四年，但這「復國」的東漢，無論是國家的疆域、國力或經濟，都不輸於西漢，甚至勝過西漢呢！這當中原因有很多，而我認為最重要的是人才的保留。王莽那反智、反進步的復古改革，嚴重破壞社會經濟，導致天下大亂，但他篡位前後，均善待劉姓宗室和各貴族，使得光武帝建立東漢後，很輕易便能網羅人才，令國家迅速回復正軌。

③ 東漢光武帝劉秀，算是開國皇帝還是中興之主？

　　這有兩種看法。始終西漢和東漢的皇帝都屬於相同宗族，劉秀是劉邦貨真價實的後人，他奪回政權後仍然稱漢，根本就是一個朝代，所以我們也把劉秀的輝煌治績叫做「光武中興」。另一方面，王莽的確終結了漢朝政權，並且做了十四年皇帝，如果不是他自己把事情搞砸（粵音眨），漢朝就徹底玩完了，劉秀經過一番努力才坐上龍椅，沒有他就沒有東漢，所以他的廟號叫做「世祖」，這「祖」字，就是開創的意思。

4 慢着，廟號是甚麼東西？它跟諡（粵音試）號一樣嗎？

　　我們早已談過諡號，那是古代在帝王及官僚死後追加的稱號，也是評價用的尊稱，幾乎每個統治者都有自己的諡號。其實，部分統治者還有一個廟號，這廟號也是歷史悠久，但只有少數人擁有，所以我們很少提到。那麼廟號有甚麼作用呢？原來廟號是祭祀用的：當天子帝王逝世後，跟一般家庭一樣，會受到子孫獨立拜祭，你可以思考一下，你會拜祭祖父甚至曾祖父，但曾曾祖父呢？曾曾曾祖父呢？你聽說過曾曾曾曾祖父的名字嗎？沒聽說過吧？那是因為數代以前的先人，會被撥到「歷代祖先」、「列祖列宗」的行列，接受一次性的祭祀，否則每位祖先都得獨立拜祭，那要拜到甚麼時候才拜完啊？但如果哪位祖先建立了大功德，或擁有值得被永遠歌頌的言行，便會給他備上一個廟號，可以繼續接受獨立的祭祀。

⑤ 那麼，廟號和謚號的分別是甚麼？

你要記住，謚號是以「字」做單位，雖然這不代表謚號只有一個字，有時候覺得一個字不足以代表其人，便會用到兩個或以上的字，好像「光武」就是劉秀的謚號，後世的謚號字數更是愈來愈多；廟號則是以兩字的「詞」做單位，都是「X祖」或「X宗」，千百年來不曾改變（祖有開創之功的意思；宗有發揚之德的意思）。唐朝以前，很少皇帝有廟號，我們便用謚號稱呼他們；唐朝以後，所有皇帝都有廟號，而謚號愈來愈複雜，所以我們改用廟號稱呼他們。謚號、廟號最易混淆的例子便是漢高祖劉邦——這「高」字是謚號，本來叫高皇帝，劉邦另有「太祖」作廟號，但我們還是習慣叫他漢高祖。順帶一提，漢朝謚號其實有二字，因為漢朝提倡孝道，皇帝謚號都包括「孝」字，譬如西漢的文帝其實叫孝文，武帝其實叫孝武，只不過既然每個皇帝都一樣（劉邦、劉秀除外），我們便把孝字去掉當省口氣吧！

不一樣的君臣關係 ——樊曄與馮異

第三個故事

新朝時，劉縯豪氣干雲，結交了不少江湖好漢，打算幹一番大事。這時候劉秀的志向還只是當大官，為免被哥哥連累，他從老家搬到鄰縣**新野**——其實劉秀只想表示「劃清界線」，也沒真的跑多遠。但是天下愈來愈亂，朝廷加大力度對付那些作亂的人，地方官抓不到劉縯，便把劉秀捉住了。

有一個名字叫**樊曄**（粵音凡頁）的小官吏，他聽説過劉縯、劉秀兩兄弟的名聲，便去看望獄中的劉秀。當他發現劉秀餓得頭暈眼花時，立刻找來一盒糕餅給他充飢。

和西漢初年的**蕭何**、**樊噲**（粵音快）不一樣，樊曄沒有跟隨劉秀起事。等到劉秀做了皇帝後，想起樊曄的一飯之德，於是派人把他找來，賞賜他很多東西，又封他做官。劉秀還跟樊曄開玩笑，問他：「一盒糕餅換來官職，你覺

東漢、三國

得划算不划算？」

　　樊曄的官愈做愈大，他和劉秀的故事也傳揚開去，有人說劉秀有恩必報，也有人說劉秀用人唯親。其實劉秀當初封樊曄做官，的確為了報恩，但後來的升遷，全是因為樊曄做出了成績。樊曄把**韓非**當成學習對象，喜好法家思想，人們用「嚴」和「猛」來形容他的施政，又用「酷吏」來稱呼他。然而他就是硬生生的把全國治安最差的地方管理好，人們敢把財物隨意放在路邊，不用擔心被人拿去！

　　給劉秀食物充飢而讓他感恩的，可不只樊曄一人。**馮異**原本也是新朝的官員，而且官位不小，在百姓紛紛起來造反時，他奉朝廷的命令領兵抵抗。其實，馮異根本不想效忠這個篡奪得來的政權，但眼前那些甚麼赤眉兵、綠林兵，也沒有值得他參加的理由。直到有一天，劉秀領兵來打，他就知道時機來到了。

　　劉縯、劉秀的名聲早已傳揚四海，馮異很想追隨他們。於是，馮異孤身出城假裝巡視，果然給劉秀的士兵抓住了。劉秀勸馮異投降，馮異說：「我母親還在城中，我投降的話便會連累她。假如你放我回去，我會勸服大家，

打開城門投降。」劉秀一向很相信人，一口答應。

　　馮異回到城裏，深感獲劉秀信賴，便說動其他人一起投降。可就在這時候，傳來劉玄殺害劉縯的消息，劉秀只好先行撤退。但馮異已決心追隨劉秀，他多次以新朝官員的身分擊退劉玄派來的綠林軍，一直等到劉秀又來了，才願意打開城門。

　　劉秀有許多優秀的部下，後人把他們合稱「雲台二十八將」，並把馮異排在第七位。但馮異個性謙厚，每當論功行賞時，他總是自個兒站到大樹下，讓別人爭個夠，便有人把他叫做「大樹將軍」。這是為甚麼呢？原來馮異追隨劉秀，建功立業還是其次，他是打從心底仰慕劉秀。馮異對劉秀關懷備至，劉縯遇害後，劉秀不便立刻跟劉玄「反面」，惟有裝出一副不介意的態度，但馮異知道劉秀心裏難過，於是常常安慰他；又因為行軍打仗非常辛苦，馮異不只一次親手為劉秀做飯，讓劉秀在軍隊歇息時能夠第一時間獲得溫飽。劉秀經常對人說：「馮異所做的飯菜總是讓我精力充沛！」

　　劉秀常跟馮異談心事，就連稱帝前都曾問他意見。但

馮異不只是劉秀心腹，他很會打仗，又會用計謀，是憑實力佔據二十八將的第七位。在掃蕩割據的地方勢力時，他的功勞比**鄧禹**（粵音雨，二十八將排名第一）更大，因為他懂得恩威並施，許多人不戰而降。

　　由於愈來愈多人投降馮異，馮異的名聲大了起來，但劉秀始終相信他，從不懷疑他有異心，就算有人講馮異壞話，劉秀也不受半點影響。

　　馮異一次又一次立下汗馬功勞，可惜快要統一全國之際，他在軍隊裏生病了——沒能幫助劉秀完成統一大業，馮異帶着極大的遺憾離開了這個世界。

① 甚麼叫做「雲台二十八將」？

　　劉秀的兒子**漢明帝劉莊**，命人把建立東漢過程中立功最多的二十八位將軍畫成畫像，掛在一個叫做雲台閣的地方，所以就叫雲台二十八將。雲台二十八將有一個值得稱頌的地方，就是這二十八人雖有戰死沙場或病死軍中，但直到最後都和劉秀維持很好的君臣關係，稱得上「善始善終」。要知道開國時代往往也是羣雄割據的亂世，稍有才幹或野心的人，很容易生出自立、叛變的想法，又或者「恃功生驕」，放肆起來。但我認為雲台二十八將所以都能從一而終，很大程度歸功於劉秀那超強大的人格魅力，以及劉秀對臣下的信任和包容。前面故事的主角雖然是樊曄和馮異，但從這雙向的關係裏，何嘗看不出劉秀待人接物的優點？

② 劉秀對待大臣的方法正確嗎？

劉秀讀書很多，深受儒家思想影響，同時又看重道家思想中的「柔」字，使得他在講忠信孝義的同時，有着一種不拘小節的器量，你看他既執着向樊曄報恩，又拿這件事開樊曄玩笑就明白了。劉秀對部下推心置腹，不會輕易懷疑他們；偶然被人蒙蔽、誤信了小人的誹謗，也因為他行事溫和，讓他來得及回心轉意、查清真相。但「不拘小節」四字在他身上，我認為不好，譬如劉秀處理事情喜歡隨心所欲，不一定依法辦事，他也曾廢皇后、廢太子，只因他「雙商」（情商、智商）同時在線，調度得宜，才沒發生大問題，換了別人鐵定要出亂子了。

❸ 除了樊曄和馮異，還有甚麼例子能夠突顯劉秀這種「不拘小節」的處事方式？

有一個官員叫做**董宣**，他是有名的不畏強權。有一次他當縣令，劉秀妹妹**湖陽公主**的奴僕殺了人，躲在公主府不出來。這湖陽公主也是囂張，外出時還把那奴僕帶在身邊。董宣雖然不至於硬闖公主府，可是見到那奴僕現身，再也顧不上許多，挺身攔住公主的車馬，把那奴僕拖出來殺了。公主跑到劉秀面前告狀，劉秀便把董宣叫來，想打他幾下給妹妹出氣。董宣卻說：「皇上縱容奴僕殺人，要怎麼治理天下？」也不等劉秀打他，便用頭撞柱子。這下可嚇壞劉秀了，急忙使人拉住董宣，說：「那麼你給公主叩頭道歉吧！」董宣認為自己沒錯，堅決不肯叩頭，劉秀十分無奈，只好作罷，對妹妹說：「這人真是個『強項令』（硬頸的縣令）！」劉秀又因為自覺理虧，事後命人給董宣送錢，董宣把錢分給部下，自己分文不要。

東漢、三國

④ 故事裏提到樊曄是「酷吏」，那麼他算不算是個好官？

　　不只樊曄，董宣都被史書歸到「酷吏」一類。酷吏，歷史上絕大部分都是壞人，很多是借着執法之名為自己謀福利。可是也有例外，樊曄和董宣都是例子。譬如樊曄用鐵腕手段把地方治理得井井有條，獲得了百姓的愛戴，大家都說世間再找不出第二個樊曄來。百姓歌頌樊曄的話語中，有兩句很能突顯他的好處，說在他管治下，「遊手好閒就會貧困，勤勞的人自然富足」，這是因為樊曄執法雖狠，但這「法」只針對惡人和流氓，奉公守法的人又有甚麼好怕呢？又譬如董宣殺了很多人，但他是為了用殺戮來打擊地方上的豪強惡霸，結果成功整頓了社會風氣。

中國好皇后——陰麗華

東漢光武帝劉秀年輕時候有甚麼志向？

當劉秀還是平民，他搬到新野居住，聽聞新野有一姓陰的大戶人家，閨女**陰麗華**長得漂亮之極。後來劉秀終於有機會一睹芳容——果然是名不虛傳！

又有一次，劉秀到長安學習，看見守備京城的軍隊，負責指揮的執金吾（官名）十分威武。於是，劉秀有感而發：「做官就要做執金吾，娶妻一定要娶陰麗華！」

想當年，項羽和劉邦分別見到秦始皇的車隊，都覺得可以取代他。相比之下，劉秀的志向要小很多呢！這時候天下還沒有大亂，劉秀不過是其中一位前朝宗室子弟，社會地位跟平民沒兩樣，想要做執金吾或娶陰麗華，真是門都沒有。尤其那新野陰家是地方上的豪強世家，坐擁良田車馬，不輸那些分封的諸侯王。

但時機一到，天下風起雲湧，劉秀加入了綠林軍，憑着宗室身分以及自己的人格魅力，逐漸成為名揚四海的英豪。於是，當劉秀登門提親，陰家一口答應。

陰麗華除了美，心田更是和善，為人恭儉仁厚，在她身上幾乎找不到缺點。

劉秀和陰麗華十分恩愛，可惜沒過多久，劉秀便要到**河北**作戰。劉秀不方便把陰麗華帶在身邊，只好把她送回娘家。

就這樣兩年過去了，陰麗華一直沒收到劉秀消息，真是擔心死了。忽然有日劉秀派人迎接她，那真是晴天霹靂呀！這一相見，丈夫竟已做了皇帝，而且身旁還有一位郭貴人。貴人，就是皇帝的妃子，原來這郭貴人是河北豪強**劉楊**的外甥女。這劉楊跟劉縯、劉秀兄弟一樣都是宗室，然而他屬於宗法制度裏的「大宗」，繼承了爵位，擁有十萬大軍。劉秀想要得到他的支持，只好答應這一場政治婚姻。

如今，劉秀已站穩陣腳，做了皇帝，便把郭氏封為貴人，又把陰麗華接來，想冊封她做皇后——這是當然的，

陰麗華才是劉秀的真愛嘛！沒想到陰麗華堅決推辭，最後還是由郭氏做皇后，郭氏的親生兒子也成為太子。

只不過，劉秀更愛陰麗華，郭皇后怎會不知道呢？甚至連這皇后之位，她都是「執二攤」！郭皇后嚥不下這口氣，常常找陰麗華的麻煩，卻不知道這反而惹得劉秀討厭她。就這樣十七年過去了，劉秀忍無可忍，把郭皇后廢掉，終於完成讓陰麗華做皇后的心願。這一年，陰麗華差不多四十歲了。

郭皇后被廢後，她親生的太子便自動要求辭去太子身分，劉秀等了兩年才批准，改立陰麗華的兒子──東海王劉陽做太子。劉秀更別出心裁，讓廢太子改當東海王，這種太子、王爵互換的戲碼，縱觀三千年的歷史也是非常罕見。

劉秀和陰麗華同樣待人寬厚，廢太子本身並無過錯，郭皇后也已付出了代價，劉秀和陰麗華便善待他們。在歷代的廢皇后、廢太子中，這母子倆算得上有個好下場。

陰麗華把後宮打理得井井有條，人人都能和睦相處。等她死後，兒子漢明帝給她上諡號「光烈」，成為我國史上第一位擁有諡號的皇后。

① 為甚麼陰麗華當初要拒絕做皇后？

陰麗華拒絕當皇后是「顧全大局」，是正確的選擇。首先，雖然劉秀做了皇帝，但郭貴人代表着一個龐大的政治集團，劉秀仍需要他們支持。其次，郭貴人家勢顯赫，而陰家富是富了，卻不尊貴，數百年來沒出過大官，也沒跟任何宗室聯姻。第三，郭貴人已生了兒子，是劉秀的合法繼承人，因此也是母憑子貴。當然了，陰麗華天性謙讓仁愛，無欲不爭，倒是劉秀很想幫她去爭。也正因為劉秀毫不掩飾對陰麗華的濃情厚愛，讓她十分滿足，不必爭那虛假的名份。

② 為甚麼劉秀要把廢太子封做東海王？

歷史上的廢太子，除非犯了謀逆大罪，否則皇帝多數會給他一個爵位作交代。這爵位許多時候只是一種公關手段，讓人覺得皇帝並非反面無情。有些心田不好的皇帝還會在爵位名稱玩花樣，用來批判廢太子（有時候封號也像諡號般有評價作用），表示「廢之有理」。而這些爵位不但不能保證廢太子的待遇，甚至不能保證他的人身安全。可是劉秀封廢太子做東海王，這就極有深意了，因為這是新太子本來的爵位，其尊貴和重要性是極有保證的，也不可能在往後的日子有所削減。劉秀這樣做，是給廢太子派「定心丸」。

③ 漢朝的後宮制度是怎樣的？

我們習慣把皇帝的妻妾稱為后妃或者妃嬪。其實，除了皇帝的元配妻子叫做皇后，「妃」和「嬪」這些稱謂要等到三國後期才出現。西漢初期，皇后以外還是沿用先秦稱謂，叫做「夫人」或者「姬」，後來逐漸生出許多花樣百出的稱呼。來到東漢，後宮階級再一次簡化，皇后以下順序為貴人、美人等，只有幾個級別。

開國時總有幾個好皇帝——漢明帝與漢章帝

漢明帝劉莊，原本叫做劉陽，冊封太子時改名劉莊。劉莊自小便很聰穎，在劉秀和陰麗華薰陶下，也長成了一個品行高潔的人，可另一方面，他又跟父母寬仁大度的個性很不一樣，是個嚴苛、急進的人。打個比喻，如果讓劉莊做官，大概就是前面提過的酷吏了。

有一次，劉莊只有十歲，劉秀跟他講春秋時代吳國的故事：當時的吳王有四個兒子，小兒子最賢德，吳王想傳位給他，而他三個哥哥也都贊成，可是這小弟弟堅決不肯答應。劉莊卻認為這種讓來讓去的行為十分愚昧，顯示出他「當仁不讓」的性格。

劉莊三十歲才做皇帝，之前已累積了豐富的管治經驗。這位漢明帝登位沒多久，便找幾個不守法的大臣和外戚「開刀」，頓時震攝了整個朝廷，大家這才知道新皇帝

不是玩假的，對他又敬又怕。

明帝的鐵腕手段只用來對付貪官和壞人。當官員不敢橫行霸道，不敢貪贓枉法；當官員能夠勤政愛民，能夠為民設想，百姓便可以安居樂業了。果然，明帝在位十幾年，全國人口便增加了足足一半，由二千萬變成三千多萬！那是兩千年前啊！

光武帝劉秀的寬容，在歷代皇帝裏絕對是數一數二，但也因為這樣，大臣們愈來愈不像話，常常胡作非為。所以明帝的苛刻固然和本身性格有關，也有部分是因為有這個需要。我們可以看到，明帝其實也有寬仁的一面——原來的廢太子安份守己就不説了，郭皇后另外兩個兒子先後圖謀不軌，明帝卻放過他們，都只懲處他們身邊的小人。明帝還有一個幼弟，都是陰麗華所生，這幼弟更是三番四次想造反，明帝則一次又一次放過他，這也是歷史少見的。

在眾多妃子之中，明帝最喜歡**馬貴人**。可惜她沒生出兒子，明帝便把另一位貴人的兒子**劉炟**（粵音達）交給馬貴人撫養。過了不久，明帝索性冊封馬貴人做皇后，她撫

養的劉炟成了太子。

　　儘管陰麗華珠玉在前，不得不説馬皇后也是一位好皇后，她把劉炟教養成溫和敦厚的好人，很有太子風範，明帝很早便認定他做繼任人。劉炟也順順利利當上皇帝，我們叫他做**漢章帝**。

　　明帝四十八歲就死了，原因好可能是辛勞過度，畢竟他是歷史上最勤力的皇帝之一。所以章帝算得上是年青皇帝，登基時只有十九歲。章帝也很認真辦事，他特別看重經濟，專心發展農業，改善百姓生活水平，國家也愈來愈富強。由於明帝把官場整頓了一番，章帝倒不用在這方面花費心機，相反經歷了明帝的嚴苛施政，章帝的寬宏大量帶來了另一番新氣象，大臣們再也不用戰戰兢兢的過日子了。

　　有句話叫做「過猶不及」，意思是做得過火跟做得不夠一樣，其實都不好，而最好就是「剛剛好」。但所謂世事常變，一成不變的「剛剛好」，也不可能應付一切啊！以前我就提過，歷史告訴我們，做人處事的真理就在一鬆一緊、一張一弛之間。管治者一味用力逼迫，大家都過得

很辛苦，最後不是被逼死，就是被逼反抗；要是一味放鬆不去約束，大家又會愈來愈放肆，最後變得毫無綱紀，敗壞腐朽。你看！光武帝劉秀的「柔」，修補了王莽改革造成的創傷；明帝的「嚴」，則改正了官員們在光武帝時養成的驕縱傲慢的缺點；於是章帝又得以專心對百姓實施仁政了。如果能夠貫徹這做法，以後的皇帝又能反過來修理章帝施政的「副作用」，那麼國家一定能夠繼續富強下去。

　　光武中興加上明章之治，打好了東漢二百年的基礎。

東漢、三國

歷史小百科

① 為甚麼開國時期總有幾個好皇帝，後來就沒有了？

其實也不一定，只是「通常」都這樣。試想想，沒才幹的人怎麼能建立起政權，還能夠統一全國，讓所有人都歸順？而且開國皇帝都明白這權力得來不易，要維持就更加困難，於是加倍認真去做，也把這觀念灌輸給下一代，因此除了開國皇帝，第二代甚至第三代皇帝，往往都不敢掉以輕心。惟有等到政局穩定了，權力鞏固了，一切變得理所當然，皇帝就會慢慢腐朽、變壞。其實不只是皇帝，就算做生意的商人，道理也是一樣，所以俗語說「創業難，守業更難」、「富不過三代」等等，都是這個意思。

② 明帝和章帝都接受了良好教育，才成為好皇帝嗎？

是的。其實皇帝資源充足，大部分都會找來學問最好的老師來指導太子。但我們傳統都說「言教不如身教」，而這「身教」的榜樣，應該是父母自己，而不應該倚賴老師。就算老師再好，父皇卻是個昏君，這太子將來能做好皇帝嗎？同樣母親角色也很重要，但身在後宮，試問又有哪位后妃能夠不要手段「爭風呷醋」呢？沒錯，你們都應該知道了，光武帝之於明帝，明帝之於章帝，都是身教的好榜樣，而陰皇后和馬皇后更是歷史上少有的不爭的賢后！

東漢、三國

③ 劉秀為甚麼要跟劉陽（劉莊）講春秋時候吳王傳位的故事？

雖然劉秀冊立郭氏做皇后，但他只愛陰麗華一人，而劉陽是他與陰麗華的第一個兒子，自然也極得寵愛。那個故事裏，吳王想要立幼不立長，這好可能也是劉秀心底裏的願望。我很欣賞劉秀與陰麗華夫妻情深，但不得不說，他這樣做對郭皇后和原來的太子**劉疆**很不公平。前面說陰麗華是「不爭」的賢后，這雖然跟她和善的個性有關，但也因為劉秀從不隱瞞對她的偏心，根本不用她自己爭寵；相反郭皇后雖有皇后之名，卻總是受到冷落，也不能太怪責她了。

④ 聽說明帝在治水方面很有建樹，可以談一談嗎？

這是不能不提的重要政績。黃河是孕育我華夏文明的母親之河，可它不是一條溫柔的河流，甚至會經常「暴怒」，不妥善處理很可能年年發水災。春秋戰國時代雖然也有水利工程，但那時是群雄割據的亂世，當然是各做各的。來到明帝的時候，可以說是自大禹治水後，千百年來首次進行全國性的大工程。經過這一次治理後，東漢一朝二百餘年，黃河沒再出大水患，證明這工程取得極大的成功。

竇氏一族——竇固和竇憲

竇（粵音豆）——嚴格來説不算「大姓」，這個姓氏，卻與劉姓一起從西漢走到東漢，可以説是除劉姓以外最尊貴的姓氏。在竇氏家族裏，最早的名人要數漢文帝的皇后，也就是漢武帝時的竇太皇太后。即使到了王莽的新朝時期，竇家聲威仍然不減，更趁着新朝滅亡，割據一方。等到劉秀形勢愈來愈好，竇家才放棄割據，改為支持劉秀，主動與漢室重修舊好。

竇家是漢室重要的聯姻對象，不但女兒可以嫁到皇宮裏當后妃，兒子也可以把公主娶回家。竇固就是這麼一位駙馬，娶了光武帝的女兒做妻子。

這段時期的竇家，有「一公二侯三公主」的説法，也就是家裏同時有一位「三公」、兩位侯爵和三位公主（嫁進竇家裏）。因為這樣，只是其中一位駙馬的竇固，在家

族裏的地位並不特別高。

竇家家主叫做**竇融**，正是他決定放棄割據、歸附劉秀，結果被委任為權力地位僅次於皇帝的司空（三公之一），和弟弟**竇友**都封了侯爵；而竇融的長子**竇穆**和孫子**竇勳**（粵音分）均娶了公主。

竇固是竇友的兒子，在家族裏多多少少有點被「邊緣化」——竇融固然是朝廷重臣，竇穆、竇勳也仗着家勢非常活躍，甚至可以說囂張跋扈。等到明帝登位，決定整頓官場風氣，首先便拿竇家開刀。明帝批評竇融縱容子姪作惡，把他大大訓斥了一番；後來又挖出竇穆許多罪狀，於是把他們全部「炒魷魚」，趕出京城。

竇固雖然一直小心謹慎過日子，結果還是被連累了。就這樣給冷落了十年，堂兄竇穆都死在獄中，他才重新被任命做官。恰好這時侯，**匈奴**又侵犯漢朝邊境，明帝覺得國家元氣已恢復得七七八八，便決定派出軍隊，兵分四路反擊匈奴。因為竇固熟悉邊境的事情，明帝便讓他做將軍，率領其中一支部隊出征。

結果，其餘三支部隊都沒找到敵人，白忙一場；只有

　　竇固打了幾場大勝仗，佔領大塊土地，因而獲得明帝重賞。竇固終於憑實力迎來事業上的春天。

　　對了！儘管竇固按原先的作戰計劃休兵，沒有追擊匈奴，他的貢獻可不只有這幾場勝仗。他派出了一位年輕人出使西域，希望跟這些西域小國再續邦交，牽制匈奴，後面我再給你們講這故事。

　　東漢與匈奴的作戰紀錄比西漢好太多了。西漢初年不說，漢武帝以後也是有勝有敗。而東漢只有兩次重要的戰事，都以大勝告終，而這第二次發生在章帝時候。因為竇固的緣故，竇家重獲漢室信任，章帝甚至娶了竇勛的女兒做皇后。皇后有個哥哥叫做**竇憲**，他真有父親竇勛、祖父竇穆的「風範」，胡作非為，不顧後果到了極點，哪怕竇穆死在獄中，都不能讓他引以為鑒。有一次，竇憲竟然派人殺死政敵，適逢章帝逝世，竇皇后成了太后，但她不肯包庇兄長，把竇憲囚禁起來。竇憲害怕了，便要求戴罪立功，出兵攻打匈奴。

　　此時距竇固擊敗匈奴已有十餘年，匈奴又開始生事了，竇太后便答應竇憲的請求。其實，竇憲過去並沒有怎

麼打過仗，誰知道他在戰場上把那兇暴的個性釋放出來，竟然大破匈奴，殺死一萬三千人，收獲牲口百萬頭；附近的部落聞風而降，這歸降人數便超過二十萬；竇憲領兵深入匈奴腹地三千里，戰功比西漢名將**霍去病**有過之而無不及。

竇憲這下絕對能夠將功補過，當他回到京城，**和帝**劉肇（章帝的兒子）大是歡喜，多次重重封賞他。竇憲一邊裝模作樣的推辭爵位，一邊卻是意氣風發，把朝廷所有重要職位都換成自己的親信，那些跟他意見不合的官，不是被逼走便是被逼死。

等到年少的和帝察覺到危機，朝廷裏已沒有可信、可用的官員。和帝左想右想，只能向他唯一接觸到的宦官求助。和帝靜候適當的時機，親自帶領幾個忠心耿耿的宦官，乘竇憲不備，取回京城的控制權，又把竇憲幾個重要爪牙逮捕下獄，才正式用詔書收回竇憲的兵權，下令他離開京城。竇憲回過神來，才知道自己已一敗塗地，他當真小看了這位少年皇帝！

① 「三公」是甚麼東西？

我們曾經詳細介紹過「一人之下、萬人之上」的職位——「丞相」，但這名稱常常改變，甚至有些朝代嫌丞相權力太大，把它取消，但我們都習慣把實際輔助皇帝的人稱做「相」。「三公」也是另一個名稱和職權常常改變的官位，顧名思義「三公」共有三人，許多時候叫做司徒、司馬、司空，而司馬又叫太尉，司空又叫御史大夫，或者叫大司馬、大司空，感覺威風很多。有時候「三公」地位僅次丞相，也有時候「三公」就是丞相。去到後世，「三公」變成一種虛銜，沒有實權但地位在丞相之上，充當對德高望重的老臣子的封賞。順帶一提：早在周朝便有「三公」，惟有宗室貴族能夠出任，當中有些人自立門戶，便以官名為氏，來到今天，司徒、司馬都是常見的複姓。

② 竇固和竇憲各有甚麼下場？

竇固雖然曾被堂兄弟連累，被明帝禁錮十年，後來終於「守得雲開見月明」，獲得重用之餘，更多次因功受賞，壽終正寢後，獲皇帝授諡號「文」。不像某些清官死後家徒四壁，竇固那些賞賜都有記載，絕對價值不菲，然而竇固生活儉樸，最大開支來自他的樂善好施。而竇固唯一的兒子比他早死，也不用為後代累積家財。竇固死後無人繼承爵位，爵位便給取消了，估計他的家財都有類似處置。至於竇憲，他被和帝收回兵權後，被遣返家鄉，後來更下令讓他自殺。

③ 為甚麼竇憲權傾朝野，卻輕易被和帝擊敗？

竇憲的確把朝廷大臣都換成自己人，甚至京城和皇城的防務都在他控制之下，因此和帝只能找宦官幫忙。和帝首先用封賞來矇騙竇憲，不讓他起疑心，然後用迅雷不及掩耳的手段，迅速取回京城控制權，以及逮捕竇憲的心腹爪牙。這第二步要能成功，和帝親自出馬是很重要的一環，那些仗着竇憲撐腰作威作福的傢伙，突然獨自面對皇帝，明知道大事不妙，也只能乖乖就範，畢竟敢傷害皇帝的「梟雄」，那真是萬中無一。等到竇憲的幾個心腹落網，朝中那大部分見風使舵、沒腰骨的大臣，自然不再支持他。

4 竇憲打仗真的比西漢名將更厲害？
為甚麼他能大敗匈奴？

西漢時候，匈奴最是強盛，而漢朝那時才剛剛恢復元氣，即使這樣，**衛青**、霍去病還是多次打敗匈奴，讓它元氣大傷，甚至分裂成南匈奴和北匈奴，靠近漢朝邊疆的南匈奴選擇歸附，餘下北匈奴不肯罷休，一直到東漢仍常常侵犯邊境，不過它的實力已大不如前，對東漢只能構成滋擾。但話分兩頭，所謂「猛虎不及地頭蟲」，我東漢不怕匈奴來犯，跑到它家打架又是另一回事，竇憲首次出兵便將北匈奴殺個聞風喪膽；第二次更幾乎將它消滅，剩下的人全跑光了，從此不敢回來，竇憲擅長打仗是毋庸置疑的。

⑤ 竇憲這人對東漢留下甚麼影響？

竇憲是奸臣、權臣，但講到他的影響，絕對不只是對東漢而已。首先是我國歷史，竇憲間接導致我國「宦禍」的出現，也就是宦官作亂。竇憲是外戚，外戚干政西漢時候已經有了，但都是外戚鬥外戚，宦官根本沒有政治舞台。可是竇憲權勢滔天，和帝竟找不到一個能幫自己的大臣，迫不得已向宦官求助，開創了宦官參與政治鬥爭的先河。雖然和帝時候宦官沒有成為禍患，後來卻演變成戚宦相爭，直接導致漢朝滅亡，而縱觀我國歷史，除了漢朝，唐朝、明朝都發生慘烈的宦禍，這黑鍋竇憲不能不背。此外，竇憲對世界歷史也造成深遠影響。原來竇憲最後一戰把北匈奴趕跑，北匈奴一直往西遷徙，並在三百年後入侵歐洲——這是歐洲人首次接觸到亞洲人（黃種人），卻成了他們的夢魘，大片土地淪陷，羅馬帝國因此滅亡，歐洲人對亞洲人根深柢固的種族歧視，就來源自這第一次的「黃禍」。

東漢、三國

班家三兄妹

有一個人叫做**班彪**，他有一個有趣的字叫「叔皮」，但這不重要。班彪不算一個琅琅（粵音狼）上口的名字，但他一輩子有三大貢獻：第一，作為竇融幕僚，有份勸他歸附劉秀，加快了中國的統一以及和平的到來；第二，作為史學家，補充了《史記》，寫成《史記後傳》；第三，作為父親，教養了三個出色的子女，而這尤其重要。

班固是三兄妹中的大哥。相比四歲作曲的**莫扎特**、六歲秤象的**曹沖**、七歲砸缸的司馬光，班固實在不算很聰明，在父親薰陶下，九歲才能寫文章。後來他因為父親的關係，得以進入太學，從此博覽群書，成為比父親更出色的史學家。而他所寫的《漢書》，評價也比《史記後傳》高出許多。

班固剛開始寫《漢書》時，有人告發他「私修國史」。班固這本書專寫西漢，是我國第一部「斷代史」，然而對

許多人來説，西漢、東漢同屬一朝，不能隨便亂寫。結果班固被捕下獄，幸好他的弟弟班超求見明帝，力證哥哥沒有詆毀國家的意思，明帝便釋放了班固，後來更封他做「蘭台令」，相當於國家檔案室的主管，讓他寫書時更容易查找資料。

打從明帝、章帝一直去到和帝，班固都為國家做着不同的文書工作，同時繼續撰寫《漢書》。還記得班彪曾經是竇融的幕僚嗎？竇、班兩家一直交好，竇憲很欣賞班固的文筆，當他打跑匈奴後，就曾讓班固為他寫一篇記載功勞的文章，並且刻成石碑。竇憲如日中天時，班固也水漲船高；等到竇憲失勢，班固也被牽連，最後在獄中病逝。

回想明帝時候，班固被誣蔑「私修國史」，幸得弟弟班超為他喊冤。後來，班超跟着哥哥生活，負責幫忙抄寫工作。這工作班超愈做愈洩氣，他想：「《漢書》是我哥哥寫的呀，我當個抄寫員有意思嗎？」剛好這時候，明帝命令竇固征討匈奴，班超曾讀過**張騫**（粵音軒）、**傅介子**的事跡，心裏很仰慕二人，於是把紙筆擲到地上，投筆從戎，申請加入軍隊。

班超打仗時奮勇殺敵，竇固很欣賞他，便派他出使西

域各國。班超帶領三十餘人來到鄯（粵音善）善國，鄯善
國王熱情招待了這位大漢使者，但過不了幾天，態度忽然
冷淡下來。班超仔細一想，估計是匈奴使者也到了，於是
召集部下説：「鄯善國王正在猶豫不決，不知道該跟誰合
作，但他們習慣了被匈奴人欺負，情勢對我們十分不利。
所謂『先下手為強』，我們這就去殺死那些匈奴使者，讓
國王知道我漢朝的厲害！」又鼓勵大家説：「你們隨我來
到西域，都想立功立業吧！『不入虎穴，焉得虎子』，我
們大幹一場吧！」班超調查清楚匈奴使者的住處，也不怕
他們人多勢眾，趁着夜色放火偷襲，把百多名匈奴人全部
殺死，這樣才堅定了鄯善國王反抗匈奴的決心。

　　消息傳到朝廷，大家都誇讚班超的功勞，一下子把埋
頭寫書的兄長比下去。班超並不急着回國領賞，反而帶着
這三十來人，跑遍西域各國；大家聽説了班超誅殺匈奴使
者的傳聞，紛紛表示願意歸附。

　　明帝死後，西域局勢再次動盪。章帝擔心班超安危，
便想讓他回國。那些歸附漢朝的國家害怕班超一走，便會
遭到匈奴的報復，都請求班超不要離開，班超心中不忍，
便答應和幾個親信留下來。章帝看到了班超的決心，重新

給他分發兵馬，班超便帶着這些兵馬，擊敗了**龜茲**（粵音鳩遲）、**莎車**等大國。

公元 90 年，這時候和帝已經坐上龍椅了。就在竇憲風光無限地重創匈奴之際，更遙遠的西域卻出現了一次不為人知的「大危機」。當時地球上共有四大帝國（當然包括我東漢），分布在歐亞大陸，其中一個叫做**貴霜帝國**，它的前身是活躍於西域的**大月氏**（粵音肉支），後來被匈奴擊敗，輾轉遷到**西亞**附近（**阿富汗、伊朗**一帶），重新強大起來。有一日，貴霜國王忽發奇想，想娶一位漢朝公主，於是派人連絡班超。班超正在經營西域（**新疆**），認為沒必要跟這麼遙遠的國家和親，於是一口拒絕。這下貴霜國王發怒了，派出七萬大軍攻打漢朝。

這支貴霜大軍，論兵力和作戰力，班超的部隊也不是對手。可是班超不害怕：「他們長途跋涉攻打我大漢，真是異想天開，不用去到漢境，我在這裏就擋下他們！」果然貴霜大軍才剛走到西域已經累壞了，班超一味堅守，貴霜大軍糧食不足，陣腳大亂，想要撤退又怕反過來給班超偷襲，於是主動向班超道歉求和。班超不用開戰便讓七萬大軍認輸，可說震驚中外，後來貴霜帝國雖然變得更強

大，始終不敢再侵犯漢朝。

　　班家三兄妹的小妹叫做**班昭**，她是我國第一位女文學家、女史學家，她的故事，我在下一個篇章再告訴你們。

班超

班固

班昭

——班超出使西域圖——

歷史小百科

① 甚麼叫斷代史？

我國自周朝就有史官這個職位，因此在歷史記載方面最是發達。然後到了漢朝，**司馬遷**立下宏願寫成一部正式、完整的史書，由神話時代的黃帝一直寫到西漢初年，內容包括五帝、夏、商、周、西漢。由於《史記》獲得大家認可，後來的史學家就無必要重複《史記》寫過的部分，於是班固專心記錄西漢歷史，《漢書》也成了另一部公認的出色的史書。等到東漢完結以後，又有人編了一部《後漢書》，專寫東漢故事。這種記載一個朝代（往往就是上一個朝代）的史書，我們叫它做斷代史；至於好像《史記》般內容從古到今，也就是用時間「貫通古今」，達到「以古諷今」、「以古鑒今」的目的，我們叫它做通史。

東漢、三國

② 為甚麼張騫、傅介子努力經營後，西域又跟我們漢朝疏離了？

這要怪王莽了。王莽做了皇帝後，妄想成為聖賢明君，於是做了許多名為改革、實為復古的大變動，其中包括改官名、改地名，連在外交上對周邊國家也改了稱呼，把一些國王降級為「侯」；更隨意把匈奴改名做「恭奴」和「降奴」。當初，西域國家臣服的是漢朝，王莽篡漢後他們便有些不服氣，再加上王莽這麼一鬧，匈奴又乘機施壓，於是那些國家便重投匈奴懷抱。

③ 前面提到的四大帝國是甚麼東西？

那是指公元紀年開始前後，至公元三百年左右，這段期間地球上最強大的四個國家。它們分別是我國的漢朝、位於西方的**羅馬帝國**、位於伊朗一帶的**安息帝國**以及位於阿富汗、印度北部的貴霜帝國。其中，羅馬帝國和安息帝國毗鄰，經常發生衝突；貴霜帝國和我漢朝比較接近，卻也並非直接接壤，中間隔着許多崇山峻嶺，我國與他們接觸不多，羅馬和安息就更少了。值得一提的是，當時地球上的主要文明，大都在歐亞大陸孕育出來，而從四大古文明走到四大帝國，以至後來的千餘年間，講到地球上最強大的國家的時候，我國從來都不曾缺席。

東漢、三國

女力大爆發——鄧太后和班昭

太后干政很多時候等同外戚干政。這也沒法子，古代女性的學習機會有限，才學不足以治國，而且那種重男輕女的氛圍，一般也不認同女性掌權——千百年來，只有少數幾人能夠例外，譬如漢高祖劉邦的皇后**呂雉**（粵音自）就是。

來到東漢，有一位才幹不輸呂雉的皇后，她就是和帝的妻子**鄧綏**（粵音須）。

和帝九歲登位，於是引發了東漢第一次外戚干政。但沒過幾年，和帝率領宦官發難，從竇憲手裏奪回政權。之後，雲台二十八將功勞第一的鄧禹的孫女鄧綏獲選進宮，被冊封為貴人。

鄧綏自幼就喜歡讀書，學問甚至比自己的兄弟還要好，也因此她很知道禮節規矩。有一次鄧綏生病了，和帝

批准她的母親到宮裏照顧她，她卻一口拒絕，認為這樣做
會破壞宮中規矩，也會損害皇帝和她自己的聲譽。和帝十
分欣賞，說：「別的外戚總想法子往宮裏跑，你卻約束自
己和家人，真是難能可貴啊！」

鄧綏畢竟只是貴人身分，和帝還有一位元配**陰皇后**。
鄧綏對陰皇后必恭必敬，平日行事謙遜退讓，可是她自身
條件太好了，哪怕不言不語，在后妃裏還是十分「搶眼」。
陰皇后自知比不上鄧綏，心裏愈來愈不是味兒，結果恨上
了她，甚至詛咒她。後來和帝知道了陰皇后的作為，便把
她廢掉，鄧綏還為她求情呢！

鄧綏文學根底極好，她獲封皇后時還親自書寫謝恩的
奏章。這時候班固因為被竇憲連累，死在獄中，和帝便讓
班固妹妹班昭續寫未完成的《漢書》。班昭的夫君姓曹，
便稱她為曹大家（對有地位的女性的尊稱），很早便已博
學聞名，不輸男子。和帝常把班昭叫到皇宮裏，讓她當后
妃的老師，其中鄧綏尤其好學，才幹也因此愈來愈出色。

可惜好景不常，和帝二十七歲就病死了，鄧綏以
二十五歲之齡成為太后。鄧太后沒有親生子女，於是在和

帝的兩個兒子中，挑了一個才三個月大的嬰兒做皇帝。但這嬰兒也養不大，八個月後又病死了。鄧太后只好從其他宗室裏再找一個孩子來當皇帝，由她臨朝聽政。

過去所謂太后臨朝，其實都是做橡皮圖章，由太后父兄主持政事；鄧太后卻截然不同，她才幹勝過兄長**鄧騭**（粵音質），政事都是自己處理，鄧騭不過充當她的「手腳」，代替她執行而已。

鄧太后仍是貴人時的優點，在她做了皇后以後，加倍的「發揚光大」：她以皇后身分，拒絕各地對皇宮過多的進貢；又小心處理后妃關係，令後宮氣氛變得和睦；宮裏出了好像失竊等案件，她都能明察秋毫，不冤枉任何人；又多次拒絕和帝封賞她的父兄，她的哥哥鄧騭官職始終不大。如今她做了太后，施政時仍不忘初衷，進一步惠及全國：鄧太后以身作則，減省宮裏的開支，不但不再進貢貴重物品，就連行宮別苑裏用不着的東西都賣出去；她又採用「自然流失」的方法，減省了數百名宮人。此外，鄧太后很反對迷信，停止了一些多餘的祭祀。

最最特別的是，鄧太后認為外戚常常會作威作福，於

是下令京城的官員幫她好好看管鄧氏一族，如有犯法絕對不能包庇，而鄧騭等人果然也是戰戰兢兢、奉公守法。這段期間，鄧太后在政事上有不明之處，常常向班昭請教，這很可能和鄧騭等人才幹不足有關，而班昭的確也是「巾幗不讓鬚眉」。

鄧太后和鄧氏一族認真為國辦事，還幫助東漢度過了天災頻生的艱難歲月。可是等到鄧太后一死，立刻有人誣告鄧家，親政的皇帝也答應受理。鄧騭並非甚麼奸雄梟雄，相反還有些膽小怕事，他見政敵和皇帝聯手對付自己，思量着走投無路，便自殺了。

唉！這麼好的外戚干政，要是多來幾趟，也是東漢的福氣呀！

歷史小百科

1 和帝是個怎樣的皇帝？

可能因為太短命，和帝往往被人忽視，其實他是個不輸明帝而勝過章帝的好皇帝，但我們總是說「光武中興」、「明章之治」，而不知道還有一個「永元之隆」——永元是和帝的年號，而「隆」字點出了和帝年間，東漢國力達到最強盛的事實。可惜他本身就體弱多病，加上勤於政事，結果積勞成疾，二十七歲就死了。當然，「永元之隆」不是和帝一個人的功勞，光武、明、章三位皇帝打好的根基，讓他得以發揚光大；外交方面也是倚賴明、章二帝任用的班超；另一方面，和帝首開利用宦官跟權臣鬥爭的先例，卻對後世造成極大、極壞的影響。

② 鄧綏有甚麼突出的條件？

　　儘管貴族婦女都受過一定教育，鄧綏仍以「出口成文、下筆成章」稱著，足見她才華比其他后妃要突出得多。此外鄧綏高七尺二寸（漢尺，約167厘米），二千年前絕對是個高人一等的長腿姑娘！要知道，古時候常有七尺男兒、昂藏七尺的說法，七尺（161厘米）已稱得上昂藏，鄧綏好可能比一般男子還要高呢！難怪陰皇后要自慚形穢了。

③ 這位陰皇后和光武帝劉秀的皇后陰麗華有沒有關係？

　　和帝這位陰皇后，她的曾祖父正是陰麗華的哥哥**陰識**。有趣的是，這陰識倒被劉秀委任做執金吾——沒錯，就是劉秀自己年輕時的志向。陰家相傳為春秋時候齊相**管仲**的後人，但在秦、漢（西漢）年間都沒參與政治，只能算是地方上的富戶，自陰麗華開始才真正晉身貴族行列。另一方面，鄧家跟陰家一樣都是地方豪族，同樣地當鄧禹追隨劉秀起事、名列雲台二十八將之首，鄧家也成了有資格和劉氏宗室聯姻的貴族了。

④ 鄧綏為甚麼要讓一個三個月大的嬰兒當小皇帝？難道她也像王莽一樣有不軌企圖嗎？鄧綏的好處都是裝出來的嗎？

來到東漢，自章帝以後，不知道是否基因出了問題，皇帝大多體弱、短命，而當皇帝早死，皇子們年紀自然不會太大。和帝的身體問題更加明顯，他能生兒子，卻常常夭折，到他逝世時，僅有兩個兒子仍然在生，其中哥哥患有難以治癒的頑症，鄧綏惟有選擇才三個月大的弟弟來當皇帝。無論是貴人、皇后抑或太后身分，鄧綏的表現始終如一，硬要說她虛偽或有甚麼不軌企圖，似乎無憑無據。鄧綏絕對是個不比陰麗華遜色的賢后，她的評價不及陰麗華，大抵和她曾經干政有關。

5 班昭真是我國第一位女文學家和第一位女史學家嗎?

　　班昭有份編寫《漢書》,絕對是我國第一位女史學家。另一方面,早在班昭以前便有女性參與文學活動,但一來她們的作品不多,二來她們大都有其他身分──不論是后妃還是歌姬,在當時社會氛圍中,只算是男性的附屬品。班昭卻不一樣,她被尊稱為曹大家,然而夫君早逝,她是憑着真才實學、以個人身分進行活動,並且獲得大家的尊重。

舉世聞名的東漢科學家——蔡倫與張衡

蔡倫是個宦官，也就是太監。其實宦官跟常人一樣，必然有好的，也有壞的，但稱得上「傑出」的，只怕十隻手指頭……不！五隻手指頭就能數完。而發明造紙術的蔡倫，就是當中最傑出的第一人，沒有「之一」。

蔡倫入宮沒多久，無可避免地捲入了一場政治鬥爭中。當時的皇帝還是章帝，竇皇后為了爭寵，決定對付其他貴人，並吩咐蔡倫幫她收集情報。竇皇后果然成功了，後來更當上太后，可是蔡倫並沒有跟作威作福的竇憲等人牽扯太深，做到了「獨善其身」；等到和帝聯絡宦官對付竇憲時，他再次站對了邊，立下一些功勞。

蔡倫並非偶然發明造紙術的，他本來就有很強的求知欲，少年時候看過很多書，又因為家裏世代都是鐵匠，等他「上位」後，除了掌管文書、傳達皇命之外，還曾做過

「尚方令」，負責鑄造皇宮御用的物件。蔡倫正正是在這段時期發明造紙術，經過反覆試驗、使技術變得成熟後，他告訴了和帝，和帝十分讚賞，下令推廣開去。

和帝死後，鄧太后繼續重用蔡倫，蔡倫更因為各種貢獻獲封侯爵，所以他造出來的紙張，也被稱為「蔡侯紙」。

蔡倫雖然發明了造紙術，但他更像一位工匠，叫做發明家應該更加合適。**張衡**卻是個貨真價實的科學家，涉獵範圍極廣，真正做到「上至天文、下至地理」無不通曉。

張衡的祖父**張堪**也很能幹，他在光武帝時參軍，協助統一全國；後來又抗擊匈奴、保家衛國。張衡跟祖父很不一樣，他喜歡讀書，年紀很小便能寫一手好文章；後來四出遊學，先後去過長安和洛陽，並且在太學唸書，在那裏張衡接觸到許多新知識，包括天文、數學等等。他的名氣愈來愈響，朝廷多次讓他做官，他都不感興趣。直到後來皇帝親自任命，張衡才當了個掌管圖書的太史令，他也乘機把皇家藏書全都看了一遍。

張衡的許多著作和研究，都是在他出任太史令期間完成的。公元 132 年，張衡發明了**候風地動儀**，能夠準確測

量出地震發生的方向。雖然這個不是預測地震的裝置，對防災沒有幫助，可是千里之外發生的地震，即使人們感受不到，候風地動儀還是能夠立刻作出反應，這在二千年前算得上是劃時代的成就，而西方國家要等到一千五百年後才發明出地震測量器。

除此之外，張衡根據記載還原了傳說中黃帝發明的**指南車**，又發明了計算行走距離的計鼓車。這兩種「車」都採用了齒輪裝置。

張衡還造出了**渾天儀**，又叫做渾象。這是用來解釋「渾天說」的天文儀，而這「渾天說」是認為天空仿如一個球體般把我們包圍着，這天空更是不停地轉動，所以我們才會看到日出日落、月轉星沉。這個渾天儀的精妙之處，在於張衡使用漏斗和齒輪，透過水力推動它自行轉動。同樣地，西方人要過上一千五百年才製作出自動的天文儀。

蔡倫和張衡對人類文明的貢獻，早已獲得世界認可，蔡倫憑着造紙術多次入選世界最佳發明，張衡也廣受國際科學家，尤其天文學界的尊重。

蔡倫

歷史小百科

① 宦官都是壞人嗎？
蔡倫為甚麼不是壞人？

宦官和人一樣，有好有壞；但宦官身體殘疾、無法生育，加上地位卑賤低微，性情也比較容易扭曲。再講，宦官本來不該掌權，掌權即屬違法，所以倚靠取悅統治者而得以掌權（違法）的宦官，十之八九都不是好人。蔡倫受重用的過程中，直接參與權力鬥爭，這好比潑了一身髒水，其實洗不清嫌疑。只是後來和帝親政後，他專心自己的工作，又發明蔡侯紙，姑且算是瑕不掩瑜吧！

② 蔡倫的下場怎麼樣？

竇皇后逼害其他貴人，蔡倫或多或少總有一份「功勞」。事隔許多年，鄧太后從外面的宗室找來**劉祜**（粵音澔）做皇帝，這劉祜的父親，便是被竇太后逼害的宋貴人的兒子。劉祜親政後，打算為祖母、為父親討回公道，便命令蔡倫接受審訊。蔡倫經歷四帝兩太后，不願臨老再受侮辱，選擇自殺。所以說，每一個人都會為自己做過的事付出代價，躲也躲不過去。

③ 蔡倫發明紙張一事，還有其他說法嗎？

我國很早便有紙張的概念，所以一般都說蔡倫發明造紙術，而不是發明紙張。可是後來我們又出土了不少西漢優質麻紙，我們更傾向蔡倫是改良造紙術，這改良，主要是在降低成本，以及規範和簡化工序，使得蔡侯紙能夠普及開去。不過，這只是我國歷代學者想要弄明白而已，西方人倒不計較，都認定是蔡倫發明紙張——對他們來說，反正造紙術由中國人發明沒錯，經過許多年才輾轉傳到歐洲，至於是蔡倫還是王二張三李四都不重要。

④ 中國古代的科學發達嗎？

　　我們祖先十分聰明，華夏文明持續領先世界是鐵一般的事實，但十隻手指有長短，我們哪方面比較厲害呢？中國人講求實用、生活化，因此，有實際需要的，和生活息息相關的，自然得到蓬勃發展，農耕技術就是很好的例子。又譬如天文學，因為曆法和氣候變化對農業十分重要，我們在這方面的表現也很不錯。又，春秋戰國時候，諸侯們爭強好勝，學術思想也就百花齊放，科學、工藝都有很大進步；然而自秦朝統一天下，我國便缺乏競爭、比拼的氛圍，即便發明了火藥，也只用來放煙花。因此，等到四大發明傳入歐洲，促使歐洲發生文藝復興和工業革命，慢慢就超越了中國。

東漢、三國

東漢孔子—— 楊震

　　在歷史長河裏，被記載在史書上面的人物多如天上繁星，其中有些人，可能只有一兩件事跡，又或者對歷史影響有限，名字卻響噹噹；也有些人，當時的地位十分重要，卻不容易被後人提到。這個故事的主人翁**楊震**，你又聽說過沒有？

　　楊震的故事，主要集中在他人生最後的十餘年。楊震的父親是名儒，也是隱士，年輕時先後拒絕王莽和劉秀的邀請，不肯做官。楊震也學父親一樣，在家潛心讀書，教授學生。楊震的名氣愈來愈大，後來就有個外號，叫做「關西孔子」，這是個多麼厲害的外號啊！當時許多州、郡長官慕名前來，想請楊震「出山」，他都一口拒絕，反倒舉薦了一些學生或士人來代替自己。一直等到五十歲，鄧太后的兄長鄧騭親自聘請他，他才勉強答應。

　　有一次，楊震在地方上遇見一位名叫**王密**的縣令。王

密當初得以做官，還是出於楊震的推薦，所以十分感恩，除了熱情招待楊震以外，還趁晚上偷偷拿了十斤黃金，打算報答這位恩人。楊震不肯接受，嘆息道：「我了解你的為人，才推薦你做官；可是你怎麼不了解我呢？」王密勸他道：「老師請放心，沒有人會知道。」楊震語重深長地説：「天知、神知、你知、我知，怎麼説沒人知道？」王密只好羞愧地把黃金帶走。「天知地知你知我知」這句話，直到現在仍有人掛在嘴邊。

楊震後來做到三公之一的「司徒」，有了行政實權。當時，為國家選拔人才的系統常被濫用，但楊震用人講究真才實學，尤其太學裏那些博士，楊震都挑選學術界中的頂尖人物來擔任，讓儒生們心悅誠服，楊震也就成了當時的「學術界領袖」。

可惜的是，好日子永遠不長。懂得政事、為國為民的鄧太后死了，漢安帝親政，這安帝是個昏庸無能的昏君，根本無心治理好國家，他縱容自己的皇后、乳母和宦官，把朝政搞得污煙瘴氣，朝廷之中無人敢發聲，唯獨楊震無畏無懼，以一己之力批評、舉報、彈劾這些奸人。安帝也

真有趣，他其實也敬重楊震，只不過「奏章接受、作風照舊」，還把楊震的奏章拿給皇后和乳母他們看呢！這些奸人當然怨恨楊震多事，只是沒得安帝許可，才不敢隨便對付楊震。

奸人作惡愈來愈明目張膽，楊震的批評力度也愈來愈大。有一次，一個宦官為自己興建房屋，為求方便竟假造皇帝詔書從國庫拿錢。這件事給楊震知道了，宦官害怕起來，決定「先下手為強」，搶先誣告楊震。安帝被矇騙了，把楊震革職。

楊震這時候已七十歲了，他決定「以死明志」。結果等到安帝死後，那些安帝重用的奸臣都獲罪了，楊震才得以平反。

楊震與父親當初拒絕做官，就是不想和奸臣同流合污。和帝以及鄧太后執政期間，是東漢朝廷最好的時候，楊震毅然出山，希望幹一番大事；無奈安帝親政，國家毀於一旦，只不過楊震既然出來了，就不願逃避，而是奮起抗爭。雖然未能力挽狂瀾，但楊震足以名垂千古，這也是我跟你們講這故事的原因。

① 漢安帝劉祜是一個怎樣的皇帝？

鄧太后的最大錯誤，就是沒能把安帝教好——這也許是因為劉氏宗室的基因真的不行了，又或許是鄧太后根本沒想過把朝政還給安帝，所以不曾認真教育他。總之，鄧太后逝世，安帝終於親政後，他卻無心政事，只顧吃喝玩樂，縱容外戚和宦官胡作非為。之前，和帝、鄧太后用心朝政，和帝時可說是東漢最強盛的時候；但到了鄧太后執政，發生一個又一個天災，好不容易才勉強維持住國勢。因此安帝這麼一陣亂搞，天災沒人解救，百姓淪為盜賊，外族也乘機作亂，國家崩壞一發不可收拾。

② 故事裏提到的博士是甚麼東西？

博士是一種官職，秦漢以前負責掌管圖書典籍，往往是最有學問的官員，等同國家的顧問。漢朝以後，逐漸變成朝廷供養的學者，負責在太學教授學生。你聽說過「四書五經」嗎？那是儒家最具代表性的典籍，當中的「五經」在漢朝時候已成為「教科書」，只要精通其中一經，便能成為「五經博士」，在太學裏進行「專科專教」。

③ 楊震的後人怎麼了？

所謂家學淵源，楊震後人也是有真才實學，而且都是品性高潔。楊震的兒子**楊秉**官至太尉；孫**楊賜**、曾孫**楊彪**均曾歷任司空、司徒、太尉；加上楊震本人，合稱「四世三公」。這裏還有一個典故：楊震的父親**楊寶**是個隱士，有一日他在山上救了一隻受傷的小黃雀，悉心照料直到黃雀痊癒才放牠離開。隔晚楊寶夢見黃雀銜着四枚白環回來報恩，告訴楊寶說，他的子孫就如這四枚白環，都能成為清白君子，而且官至三公。這就是成語「結草銜環」的「銜環」部分，比喻有恩必報。

④ 楊震這一家這麼厲害？ 他家族裏還有些甚麼人？

前面講皇帝素質時，我曾用「守業難」和「富不過三代」來作比喻，因為經營需要魄力和才幹，後人不容易維持。但在古代，一些地方上的世家大族，往往能維持逾百年甚至數百年，這是因為在以農業為經濟主體的古代，只要壟斷了土地資源，就不容易動搖。另有一種在漢朝「獨尊儒術」下產生的世家大族，他們憑學養晉身政治圈，所以特別重視家學，用心栽培子弟，世世代代都能做到大官。其實楊震的祖先就很厲害，可以追溯到西漢初年的**楊喜**，他領兵追殺**項羽**，因功封侯；楊喜的曾孫**楊敞**是司馬遷的女婿，同時也在昭宣之治時當過宰相。至於楊震的後代裏，楊彪的兒子**楊修**在三國時代以才智聞名於世，本來前途無可限量，可惜聰明反被聰明誤，最終被**曹操**殺死。

東漢、三國

皇帝認證的跋扈將軍——梁冀

漢順帝**劉保**是安帝唯一的兒子，他年少時便很聰敏乖巧，深得鄧太后喜愛，指定他當安帝的太子。可是等到鄧太后一死，安帝便把他廢了。

安帝的皇后**閻姬**沒生兒子。安帝逝世後，閻姬從外面找來一個孩子當皇帝，豈料這孩子不到一年也病死了，閻姬還是打算從外面找別的孩子，皇宮裏有十九名宦官看不過眼，發動政變擁立劉保做皇帝。這一年，劉保才九歲。

這位漢順帝長大後，有沒有學壞，變成昏君呢？我認為沒有。也許小時候所謂聰敏其實不算甚麼，但順帝還是那麼的聽話和懦弱。是的，順帝個性和順、軟弱，謚號「順」字實在改得太好了，別人說甚麼，他都順着對方意思，不敢說半個「不」字。順帝的皇位是宦官替他爭回來的，所以他順着宦官；他十分寵愛**梁皇后**，所以也順着皇

后的兄長**梁冀**。這一次，宦官和外戚兩股勢力不再鬥爭，他們吸取前人教訓，為了利益聯合起來，漢朝進一步給他們玩壞了。

順帝死後，「故事」第三次重複發生：梁皇后和梁冀先擁立一個兩歲小孩做皇帝，不到五個月，這小孩就病死了；於是梁冀再找來一個七歲的**質帝**，放在龍椅上做做樣，自己則負責干政。

這個質帝也是精靈活潑，才七歲便很明白事理，可惜他不是秦王**嬴政**，還沒學會甚麼叫忍辱負重，有一次他坐在龍椅上，看着旁邊的梁冀說：「這真是個橫蠻霸道（跋扈）的將軍！」梁冀聽到了，心中懊惱不已：「這傢伙年紀小小便瞧我不順眼，等他親政後，只怕不會放過我。」所謂「無毒不丈夫」，梁冀便用毒餅把質帝毒死了。

這時候，性格忠直的**李固**出任太尉，他察覺到質帝的死因有可疑，讓梁冀又是不安，又是怨恨。李固和其他大臣想擁立一個叫**劉蒜**的宗室子弟做皇帝，這劉蒜是個耿直嚴肅的人，在宗室裏頭顯得出類拔萃。梁冀心裏另有人選，卻拗不過眾人。當晚，宦官找上梁冀，雙方再次結盟

——原來劉蒜不屑討好宦官，使得宦官非常不滿，決心不讓他當皇帝。獲得宦官支持後，梁冀在朝廷上加倍兇暴，把其他大臣都嚇退了，僅餘李固繼續反對他。梁冀便游説妹妹以太后身分罷免李固。

結果，梁冀成功擁立了十五歲的**漢桓帝劉志**。

梁冀對李固懷恨在心，於是告訴桓帝，當日李固瞧不起他，所以反對他做皇帝，後來更誣告李固參與謀反。桓帝因此憎恨李固，把他抓到監獄裏。梁太后知道李固冤枉，便下旨釋放他，但梁冀忌憚李固，最終還是將他害死。

大部分外戚干政，都是全家上下一起參與，梁冀卻不一樣。早在順帝未死時，梁冀的父親**梁商**為人謙厚，愛民如子，算是一位良臣；梁冀的妹妹梁皇后（太后）雖然和他合作擁立三位皇帝，但她本人規行矩步，從沒有興風作浪，又曾經想要保護李固；梁冀的弟弟**梁不疑**、**梁蒙**，性格也像父親梁商，不肯跟梁冀同流合污，如此一來，反而招至梁冀怨恨，梁冀派人監視兩個弟弟，雖然沒有直接手足相殘，卻對兩個弟弟的好友出手，兩人惟有躲到鄉間，不問政事。

　　梁冀的所作所為與竇憲非常相似。梁冀對權力和財富都貪得無厭，又像質帝所說，囂張跋扈蠻不講理，而且十分記仇，有仇必報。當時不少正直的人批評梁冀，梁冀把他們統統害死；就算匿名罵他，也會派手下調查清楚，不放過任何一人。不只這樣，朝廷委派地方官員，有誰上任前不登門跟梁冀打招呼送禮，輕則立刻取消任命，重則被人害死。

　　桓帝本來很感激梁冀擁立自己做皇帝，先後多次封賞他。梁冀「受之無愧」，反而對桓帝十分不敬，桓帝心裏愈來愈不滿，只是不敢發作出來。公元 159 年，桓帝已做了十三年傀儡，梁冀也專橫了超過二十年。桓帝趁着梁太后逝世，和五名宦官合謀對付梁冀。梁冀雖然收到風聲，但他專權太久，瞧不起桓帝，只派個親信進宮查看。桓帝知道刻不容緩，立刻捉住梁冀親信，派人看守宮門，再聚集一千名士兵，迅速包圍梁冀住處。梁冀被困家中，知道等不到救兵，便結束了自己萬惡的一生。

梁冀

桓帝

① 梁冀這麼橫蠻，他父親梁商為何不去制止？

　　父母子女性格可以差天共地，跟遺傳沒有必然關係。梁商一定有嘗試教育梁冀，而且梁冀對父親還是有所顧忌的。有一回，梁冀出任地方長官，以為遠離了父親，開始胡作非為。這些事情讓梁商的親信**呂放**知道了，向梁商如實相告，梁商於是把兒子重重責備了一番。梁冀心有不甘，竟然派人刺殺了「打小報告」的呂放，事後又害怕讓父親知道，便把罪行嫁禍給呂放的仇人，自己更「賊喊捉賊」，親自捉拿被他嫁禍的人，連同親戚朋友全部處死，不留一個活口。從這件事可以看到梁冀是如何的兇殘暴戾、膽大妄為，除非梁商下定決心大義滅親，否則根本無力改變這個兒子。

② 梁冀干政二十年，他的勢力到底有多大？

前面提到梁冀的兩個弟弟不肯助紂為虐，但朝廷內自然有人甘願做他的爪牙。當桓帝扳倒梁冀後，順便把跟梁冀有關的官員革職查辦，當時的朝廷幾乎「為之一空」，也就是大部分官員幾乎都被肅清，只有幾個人倖免於難，你便知道梁冀勢力有多大，同時也知道桓帝這一步棋又是多危險。

③ 朝中官員不是成了梁冀黨羽，就是被梁冀害死，那還有第三條出路嗎？

先前說過楊震一家「四世三公」，祖孫四代都做到三公之職，而且品行高潔，他們怎麼可能跟梁冀共存呢？這第三條出路，也就是梁冀弟弟梁不疑、梁蒙選擇的出路──歸隱山林。楊震的兒子楊秉，曾經與梁冀同朝為官，也試過仗義執言。眼見梁冀權勢愈來愈大，楊秉不願委屈自己，又不想白白犧牲，於是辭官歸隱，等到梁冀死後才又復職。當時還有許多人做出同樣選擇。想走這條路，還得有個決心，就是「謝絕拜訪」，斷絕一切來往。梁冀常派人監視歸隱的人，就連親生弟弟都不能避免，要是被發現和朝中官員仍有聯絡，梁冀便會認定你另有企圖。

4 不是說梁冀跟宦官聯手了嗎？怎麼後來又有宦官幫桓帝對付梁冀？

這是沒法子的事。皇宮裏的宦官動輒有一千幾百人，就算外戚想要合作，理所當然是找幾個有身分，有地位，有能力幫到自己的宦官吧！所謂有人歡喜有人愁，不可能每一名宦官都得到同樣好處，甚至有些完全沒得益的，更是鬱鬱不得志。就算皇帝不找他們幫忙，他們也要想辦法游說皇帝動手，好讓自己從中取利。

令劉備痛恨的漢桓帝

庸君是指才幹平庸的皇帝，當然皇帝沒能做出成績，國家也就「不進則退」。昏君就不同了，也許有才幹也許沒有，重點是他的精神狀態，根本不想把皇帝這個職位做好，只享受皇帝待遇。而漢桓帝劉志，絕對是個昏君。

桓帝曾經感激過梁冀，畢竟沒有梁冀，當皇帝的便會是劉蒜。可是梁冀不把桓帝當回事，桓帝只好反抗了。然而，冒生命危險搶回來的權力，桓帝又打算怎麼運用？是要幹一番驚天動地的大事嗎？還是要從水深火熱裏拯救漢朝？

結果都不是：桓帝瀟灑地把權力交給了宦官，自己盡情享樂去。

或者你會問，這跟以前有甚麼分別？當然有啦！尤其太后的外戚干政時，皇帝備受輕視，好像桓帝便要看梁冀臉色，甚至性命也掌握在對方手裏；如今權力是桓帝交給宦官

的，隨時可以收回，而且換成宦官看他臉色呢！不用擔驚受怕，才真正稱得上盡情享樂嘛！

桓帝的元配**鄧皇后**，原本跟梁家有些關係，後來反目成仇，只是桓帝還是疏遠了她。鄧皇后心裏有氣，好幾次干涉他寵幸其他宮女。桓帝索性把鄧皇后廢掉，然後舉行大規模選妃，後宮佳麗一下子超過五千人！

桓帝也不是完全不幹正經事。桓帝取回君權後，首先就清算梁冀，用他的財產來充實國庫，又開放他的宅第供無家可歸的百姓居住。當時百姓都很歡喜，以為終於遇到明君了！誰知道才送走豺狼，卻又換來猛虎，宦官幹壞事要比外戚更加誇張！

後來，有幾個幫助桓帝對付梁冀的宦官做了違法事情，桓帝果斷地懲處了他們。這幾個宦官都是罪有應得，但桓帝不是為了伸張正義才處罰他們，只是眼見宦官勢力愈來愈大，於是找個藉口挫一挫他們的銳氣，讓他們知道誰真正掌握大權。

桓帝又借宦官之手來對付那些多事的名儒和讀書人。宦官在桓帝默許下，勢力超過所有人，他們作奸犯科，完全不

受約束。朝廷裏稍有廉恥的大臣，以及民間那些充滿大志的讀書人，漸漸形成一股對抗宦官的巨大力量，連宦官都感到害怕。但另一方面，桓帝對於宦官作惡，都是睜一隻眼閉一隻眼，大臣們和讀書人不滿宦官，不就等於不滿桓帝的做法嗎？況且這幫傢伙自命清高，批評的又豈止宦官？桓帝躺着也要中槍！宦官狗仗人勢，在桓帝「撐腰」下大着膽子誣告那些官員，桓帝「信」了這些誣告，順理成章地把他們全部抓起來。

桓帝絕對不是庸君，他親政的八年裏，可以說把宦官和朝臣玩弄於股掌之中；但他安於逸樂，放任國家敗壞，可以說是極度自私、不負責任的表現。而且宦官得到桓帝縱容，禍害更是一發不可收拾。儘管後面還有幾個皇帝，漢朝滅亡的徵兆已經出現，難怪諸葛亮說，劉備最痛恨桓、靈二帝，怪他們「親小人、遠賢臣」，東漢亦因此傾頹。

① 宦官和外戚相比，哪個禍患更加嚴重？

對國家以至百姓來說，宦禍必然更加慘烈。宦官原本只是「低三下四」的宮人，當他們獲得權力，凌駕那些高高在上的朝廷大官，所作所為往往比一般奸臣更加乖張。另一方面，常人貪權、貪名、貪財，但宦官權力主要來自皇帝默許，欠缺正當性，低賤的出身也不可能得到真正的名聲，於是他們只能貪財，加倍地貪財，貪得無厭，貪得無所不用其極。此外，你可以想想，相比起做權臣、奸臣的爪牙，做宦官的爪牙是多大的屈辱啊！把太監當乾爹，一般人絕對做不來，他們都是社會上最沒廉恥的流氓，而這些流氓一朝得志，欺壓百姓的那股狠勁，真叫人不寒而慄（粵音律）。

② 對皇帝來說，宦官 更容易操控嗎？

是的。宦官有自己的一套官銜（譬如中常侍），跟一般朝廷命官屬於不同制度，即便協助桓帝奪回政權的五個宦官，同時獲桓帝封賞侯爵，號稱「一日五侯」，但他們也不可能出任好像三公這些職位。所以他們都是靠着皇帝默許，狐假虎威地把持朝政，我國史上共有三個朝代出現宦禍，漢朝和明朝的宦官都必須得到皇帝寵信，一旦失寵，幾乎等於失去一切。

③ 外戚和宦官的鬥爭之中，哪一個比較佔優？

西漢時候已有外戚干政，王莽更因此得到做皇帝的機會。來到東漢，外戚竇憲被和帝聯合宦官一起推翻，是漢朝宦官首次參與宮廷政變，也是我國歷史上的第一次（漢朝以前的宦官不等於太監）。這一次本來只是個別事件，和帝親政後努力治國，重用朝中官員，宦官並無得勢，於是接連發生鄧氏、閻氏、梁氏干政，尤其順帝雖然也得到宦官幫助才當上皇帝，他登位後還是重用梁皇后的父兄，造成梁冀專權超過二十年，期間甚至毒殺不聽話的小皇帝。桓帝親政，是外戚和宦官勢力消長的轉捩點，他重用宦官，任由宦官干預朝政和人事；桓帝廢掉鄧皇后之後，沒有哪位妃嬪特別得寵，也就沒有哪個外戚特別得勢；就算桓帝覺得宦官勢力過大，也只以宦官制肘宦官；後來宦官和朝臣的鬥爭愈演愈烈，桓帝傾向支持宦官，導致宦官第一次政治鬥爭勝利。從此，宦官這個體系已非常鞏固，佔盡優勢。

東漢、三國

4 桓帝的後宮妃嬪真的有五千人嗎？

我們首先要弄清楚宮女、宮人的概念。先前我提到妃嬪，那是指皇帝正式的妻妾，除了正室皇后，其餘稱號歷朝歷代都有變化。正常皇帝（不計算昏君、暴君）大概有數十名后妃，如果計算備選的宮女（例如後來的秀女），上千人是跑不掉的。有些史書記載的數字十分誇張，甚麼數千人呀，上萬人呀，甚至三、四萬人，那其實是包括了太監、雜役以至不同年紀不同職份的宮人，是在皇宮住宿的整體人數。不過，桓帝那五千人，的確都是拿來當妻妾的。

第十三個故事 國民偶像、人間榜樣——李膺

　　楊震是安帝時期的文壇領袖，有「關西孔子」之稱。來到桓帝時期，有一個人名氣不輸楊震，也是桃李滿門，這人叫做**李膺**（粵音英）。

　　漢武帝獨尊儒術後，儒家思想成為我國最主要的學術門派，甚至等同做官的門檻，讀書人不一定都能做官，但做官的都是讀書人，因此形成了另一種叫做「士族」的世家大族。這些名儒士人（讀書人）有着獨特的社會地位，就算沒能做官，也很受人尊重。

　　你還記得嗎？宦官是一種就算拿到權力，也遭人鄙視的身分，恰恰和士人相反！士人和宦官，是兩個相反的存在，注定了就是要對立。

　　桓帝時，宦官逐漸在朝廷上壓倒官員；同時朝野（朝廷和民間）的士人形成一股反抗、抵制宦官的力量——雖

然說穿了只是「輿論壓力」，但讀書罵人不帶髒字，往往卻比髒話更傷人呢！

這些士人之中，名氣最大的就是李膺。李膺學問好，品格更是聞名全國，人送外號「天下楷模」，意思是世人都應該以他做榜樣。李膺門下弟子眾多，但他可不是「有教無類」，收徒要看對方品德操守——李膺觀人很準，曾經拒絕一位著名隱士的孫子，這人後來投靠了宦官，被其他士人瞧不起。

崇拜李膺的人愈來愈多，行徑也愈來愈瘋狂，甚至覺得能夠和偶像見見面已不枉此生。但李膺同樣不是人人都見，以致人們把和李膺見面稱為「登龍門」。當時名氣已很響亮的**荀爽**，有次和李膺出遊回來，興高采烈地逢人便說：「今天我有幸為李先生駕車呢！」大家聽了都很羨慕。

李膺曾出任邊境軍職。漢朝愈來愈弱，**鮮卑族**也看出來，經常侵擾邊境。沒想到李膺很能打仗，每次鮮卑族來犯，他都親上戰場指揮，將對方趕跑，堪稱「文武雙全」！後來**羌**（粵音薑）**族**犯境，桓帝便派李膺做將軍。李膺的將才連羌族也有所聞，得知他來了，嚇得把先前搶掠的財

物送還。

李膺做官剛正不阿（粵音柯），貪官污吏和宦官對他都是又恨又怕。**張讓**是當時得令的宦官，他弟弟因為犯了殺人罪，所以躲到張讓家中。李膺竟帶人直闖進去，把他揪出來，審訊完畢就立刻殺掉。張讓於是向桓帝「伸冤」，李膺來到桓帝面前，毫無懼色地說：「我的職責就是公正辦案。如果皇上認為我有罪，我甘願受死，只求皇上寬限五日，讓我在這五日之內殺盡所有惡人！」桓帝無奈對張讓說：「這都是你弟弟罪有應得！」自此以後，宦官在李膺面前更是矮了一截，抬不起頭來。

前面不只一次提過，宦官和大臣們的政治鬥爭，最終由宦官取得勝利，他們誣告這些大臣，把許多人逮捕入獄。這次大事件的始作俑（粵音擁）者，李膺也是其中之一。

原來，古代皇帝常常為着各種原因，頒布「大赦」的命令，赦免全國罪犯，減免死刑甚至無罪釋放。這一年，桓帝動了「大赦」的念頭，宦官們自然比一般人更早收到風聲。如果你也知道了這件事，你會怎麼辦？這些宦官就吩咐他們的爪牙趁此「良機」盡情去幹壞事，再等「大赦」

把所有罪行一筆勾銷。

　　宦官胡作非為，人們早已習慣，但如此明目張膽、肆無忌憚，還真是少見。正當各人心裏納悶，皇帝下旨「大赦天下」，大家才恍然大悟！瞧着監牢裏那些傢伙得意洋洋的樣子，有些性情剛烈的大臣，竟不理會「大赦」的命令，依法辦了他們。

　　李膺也抓到了這麼一個人。他是宦官爪牙**張成**的兒子，幫張成殺死了仇人。李膺不願意向這「大赦」的命令屈服，正義必須得到伸張，殺人就要填命，於是李膺將他處決，還死者一個公道。

　　張成痛失兒子，一下子氣瘋了！他決定扳倒這個連宦官也動不了的李膺。張成指派弟子誣告李膺，説他跟朝廷官員和地方名士勾搭，結成一黨，整天到晚誹謗朝廷。桓帝早就瞧李膺不順眼，立刻將他抓進監牢，另外又逮捕兩百多人，不是朝廷重臣就是天下名士。

　　後來，桓帝還是釋放了李膺等人，但下令他們這些「黨人」終身不准做官，這次事件叫做「黨錮」，也叫「黨錮之禍」。

歷史小百科

① 士族是甚麼東西？

　　士，原本是周朝官制裏的低級官員，封建制度的下層部分。漢朝獨尊儒術後，熟習儒家學說才容易獲舉薦做官，太學也專門教授儒家經典，士成為了讀書人或知識分子的統稱。至於士族，是漢朝逐漸形成的新世家大族。世家大族的「世」字，有世襲的意思，所以世家等同貴族。士族，則是士人（讀書人）的家族，家族核心不是「血統」，而是「家學」。雖然名儒都會教授許多弟子，但無可否認，有一位名儒父親以身作則、日夜薰陶，學養一定比其他弟子來得鞏固。秦漢以後，官職按道理是不能世襲的，但士族憑着家學，世世三公，代代位極人臣，跟世襲也差不多，所以才說士族是新的世家大族。

東漢、三國

② 為甚麼這次事件會叫做「黨錮」？

「黨」如今解作組織，以前跟「朋」字意思相若，所以又有「朋黨」一詞——但「朋」字是中性詞，甚至帶有褒意，「黨」則剛剛相反，是帶貶意的詞。為甚麼呢？因為「黨」字作動詞用時，有朋友間互相幫助的意思，但這所謂幫助是偏私的，像為對方掩飾，所以有句話叫「君子朋而不黨」。「錮」字有禁錮、限制的意思，這裏單指限制做官。

3 宦官和張成等人，算不算是 誣告李膺他們呢？

　　某程度上，宦官的指控還是有根據的。這幫士人（讀書人）和宦官對立，尤其當弄權的宦官都不是好人時，他們一下子就站在道德高地上面。可是壞人的敵人就一定是好人嗎？李膺等人的品性當然毋庸置疑，但這許多士人之中，有沒有為了「蹭熱度」，又或者借機「上位」的？無論他們的出發點是甚麼，結果就是拉幫結派和宦官做政治鬥爭，拉幫結派便是「結黨」，而在皇帝眼中，官員應該只為國家（皇帝）服務、只向國家（皇帝）效忠，根本沒必要結黨。

東漢、三國

4 故事裏的荀爽，怎麼看都只是個李膺的「粉絲」，他是不是真的很有名氣？

千萬別小看荀爽，他出身著名世家，戰國大思想家荀子是他的祖先，三國名士**荀彧**（粵音郁）、**荀攸**（粵音由）是他的子侄。荀爽這一代，父親是當世名士**荀淑**，所生的八個兒子都很出色，號稱「荀氏八龍，慈明無雙」，意思是這八兄弟都是人中龍鳳，當中荀爽（慈明是荀爽的字）更是獨一無二、天下無雙。那時候，每一位執政者都想讓荀爽做官，荀爽卻多次推辭，甚至寫信勸李膺學他歸隱，避免惹禍上身。直到後來**董卓**用橫蠻手段威脅他做官，他才勉強答應，沒想到董卓竟「得寸進尺」，接連升他的官，讓他在三個月裏由平民做到了三公，所以荀爽又有「白衣登三公」之稱。你說，就連「無雙」的荀爽也如此景仰李膺，李膺的風采可想而知。

假如他倆能消滅宦官——竇武與何進

桓帝後期，東漢急劇衰敗，當時的人也許還不清楚，後人讀歷史，便知道來到這時候，漢朝滅亡只在早晚，想要挽回已不能夠，所以劉備才會一想到桓、靈二帝便搖頭嘆息、痛恨。

這一年是公元 166 年，以李膺為首的許多官員，被革職、逮捕，最後遣返家鄉，終身不得做官，我們叫做「黨錮之禍」。這次事件，對朝廷是一大傷害，許多人才被趕走，官場更加黑暗；但在社會上，氣氛反而炒得更熱，那些士人們興奮得不得了，覺得自己參與了一件傳頌千古的大好事！那些被革職的、被逮捕的，坊間名聲更高了，都被當成正義的超級英雄。甚至有位和士人交好的將軍，為着自己不在黨錮之列，覺得十分羞恥，他給桓帝寫信，叫桓帝也處罰他呢。

李膺被囚禁時，有兩位比他更尊貴的人出面營救他，這兩人便是位列三公的老臣子**陳蕃**和外戚

竇武——是的，竇家又出了一位皇后，可惜桓帝不愛她，對竇武這位岳父也不怎麼重用。

竇武本身也是一位名士，學問修養都很不錯，再加上他挺身為李膺辯護，因而獲得世人稱頌，與八十歲的陳蕃並稱「三君」，尊貴甚至在李膺之上。桓帝死後，竇武和成為太后的女兒合力擁立**靈帝**，可是宦官掌權已久，加上竇太后本人亦寵信宦官，所以朝廷還是被宦官控制着。竇武和陳蕃合謀誅殺宦官，陳蕃年紀雖大，但魄力不減，主張一鼓作氣；反而竇武想要胸有成竹，他一方面思考全盤計劃，一方面又跑到皇宮尋求女兒的支持。這樣一來，宦官就收到風聲，他們搶先脅持了竇太后，又假傳詔書召集軍隊，要逮捕竇武。陳蕃得知消息，竟然拿起刀子，帶着一些文官和太學生衝向皇宮！結果竇武自殺，陳蕃也被害死。宦官們再順藤摸瓜，把好像李膺這些向來反對宦官的大臣都牽扯進去，全部處死。這次事件，我們叫做第二次黨錮之禍，發生在公元 168 年。

靈帝也寵信宦官，但不是像桓帝般利用他們，而是依賴他們，靈帝甚至公開叫張讓做爸爸，又叫**趙忠**做媽媽（這兩人都是宦官）。一個皇帝把宦官認做父母，真是天下奇聞！這些宦官之中，有十幾人特別得靈帝寵愛，人們

籠統地把他們叫做「十常侍」，當他們聯合起來，説得上是「隻手遮天」。

何進是一個宰羊的屠戶，他花錢賄賂宦官，把自己同父異母的妹妹送進皇宮裏。靈帝見何進妹妹長得漂亮，便把她封做貴人，繼而當上皇后、太后，而何進從屠夫搖身變成皇親國戚。

何進加入朝廷，便要選擇勾結宦官還是對抗宦官，而何進選擇了後者。可是，何進和竇武一樣，碰上了一個不明事理的太后。那些宦官把何太后哄得貼貼服服，何太后很不贊成兄長的做法，一再勸他不要跟宦官作對，何進也因此稍稍猶豫了一下，錯過了時機。等到何進下定決心，宦官已知道消息，便趁他入宮見太后的時候將他殺死。

不過，宦官也是垂死掙扎而已。得知何進被殺的將領**袁紹**，帶兵衝進皇宮，一口氣把宦官全部殺死，甚至許多臉上沒鬍子的男人也被當成宦官給誤殺了。宦官跟外戚的命運幾乎同時走到盡頭，戚宦鬥爭至此結束，但他們所造成的禍患，已無可挽回。這一年是公元 189 年，儘管漢朝的國祚還多延續了三十年，但從這一刻開始，漢朝皇帝不過是放在神檯上的傀儡，漢朝根本就是名存實亡。

何進

竇武

1 戚宦相爭是否貫穿整個東漢？

　　我們很容易把外戚和宦官之間的鬥爭，想像成宦官打敗外戚，然後新外戚又回來打敗宦官，再過一段日子又出現新宦官消滅外戚……其實不是這樣的。我先前都是分開來說，現在簡單說一說這戚宦鬥爭的經過：東漢的外戚專權始於竇憲，結果和帝借宦官之手將他推翻，貌似是宦官取勝，但這時候宦官只是和帝的工具，他們雖有封賞，但沒有因此干政；緊接着鄧太后主導第二次外戚專權，並結束於鄧太后死前還政，沒有宦官插手的機會。安帝死後，不成才的閻氏短暫專權，結果宦官趕走閻太后，擁立順帝；事後順帝重用新外戚梁氏，梁冀和宦官合作多於鬥爭；一直去到桓帝扳倒梁冀後，宦官才真正在朝廷上扮演重要角色。我認為戚宦相爭，並不在協助皇帝登位或奪權的那一刻，而是在朝廷上的政治鬥爭，而這情況始於梁冀敗亡、桓帝親政。而且所謂「相爭」，當然是互相鬥爭，在梁冀以前，宦官未成氣候，外戚其實沒把宦官當成鬥爭對象。只是當戚宦相爭一旦成形，外戚便陷入劣勢。

② 為甚麼宦官能夠在鬥爭中佔優呢？

　　宦官本身無權，尤其沒有兵權，所以最初沒有人把他們當一回事。直到桓帝開始重用宦官，人們才發覺，哪怕不是名正言順，能得皇帝信任才最重要。封建制度下，始終皇帝就是一切，就算他是個昏君、暴君，也不代表造反有正當性，而且在「民貴君輕」的思想下，百姓造反還說得通，身為臣子就只能拚死輔助、幫助君主改正。因此皇帝一紙詔書、一道命令，「君要臣死，臣不得不死。」譬如第一次黨錮之禍，桓帝有意用宦官打壓朝臣，名義上是宦官勝利，其實大家是輸給桓帝；第二次黨錮之禍，靈帝年幼，太后無知，被宦官有機可乘，假造詔書指揮軍隊對付竇武，竇武惟有自殺。**張奐**是一位抗擊外族、屢立戰功的名將，絕對不會跟宦官同流合污。那時候，他剛調回京城便接到「詔書」，於是立刻出發逮捕竇武。等到張奐得知那其實是宦官的主意，他到死都為自己害了竇武而後悔！

③ 那為甚麼後來袁紹又敢一下子把宦官全部殺掉？

正如前面說，宦官沒有實權，他們一直假借皇帝和太后名義對付大臣，大臣們就算懷疑有假，恨得牙癢癢地都不敢違抗。至於最後敢把宦官全部殺死，是有兩個原因：首先宦官愈來愈過分，部分大臣開始產生「豁出去」的大膽想法，但這需要多大決心，何進也因此動搖，最後功虧一簣；其次，當時因為天災人禍，百姓民不聊生，爆發了一場全國性的暴亂，漢朝為了平亂，不但解禁黨錮，更默許地方長官以至世家大族組織軍隊，這些人後來都變成軍閥，自然不把宦官放在眼裏，何進本來就打算用這些軍閥做後盾。雖然何進就如當年的竇武般被宦官害死，可是這些武人又怎會甘願像當年那些名士般坐以待斃？這一動手反抗，宦官就注定只有挨刀子的份了。

④ 袁紹應該殺掉所有宦官嗎？

是否殺掉所有宦官，一直是和宦官鬥爭的大臣們的分歧之一，這分歧也屢屢害他們錯失先機。當然有一派認為應該只誅首惡，放過其他宦官；另一派認為只殺死作惡的宦官，只不過提供機會給其他還沒機會作惡的宦官「上位」而已，等到他們掌權後，對付大臣才不會仁慈呢！你又認為以上哪一派的觀點才是正確呢？

⑤ 故事裏提到的「三君」是甚麼東西？

我們都知道，東漢士人互相標榜的風氣愈來愈熾烈，標榜的手段包括品評和起外號。我們說，王莽為了篡漢而做善事是偽君子，那麼為了出名而對抗宦官又算甚麼呢？東漢是個士族崛起的年代，這些品評和起外號有很多方面的考慮，譬如李膺人稱「天下楷模」，可是他官不夠大，資格不夠老，血統不夠尊貴，便與另外七位名士合稱「八俊」；「八俊」上面還有「三君」，分別是八十歲的元老陳蕃、太后的父親竇武，以及漢朝宗室**劉淑**。這三人學養雖然都有保證，但真正勝過李膺的，卻是那無比尊貴的輩分和出身。

第十五個故事 萬人迷郭泰和眾人嫌樊陵

　　桓、靈二帝的朝廷是黑暗的，但在民間卻是多采多姿，尤其桓帝時，士人並沒有放棄希望，他們都覺得，只要大家連成一氣，最終邪不壓正，一定可以清除朝廷上的奸險小人。這些士人每天都在指罵朝廷，品評人物，仿如現代的網絡公審，就差沒有互聯網，必須親自現身講話而已；而當中最會說的名士，就像「網紅」一樣，被大家當成偶像追捧，我們就來聊聊這些漢代「網紅」的故事。

　　李膺身分雖然不比「三君」尊貴，但論人氣絕對第一，每天都有許多人慕名求見。這日又有兩名年青才俊大老遠跑來見他：第一位名字叫**樊陵**，著名隱士**樊英**的孫子。樊英對《易經》很有心得，順帝曾請他做官，甚至把他抓到皇宮裏面，樊英就是嚴詞拒絕，幾乎與順帝反面，大家都讚他有骨氣。李膺見了樊陵，覺得這人才學不錯，但太過

熱衷功名，所以當樊陵想要拜師，李膺拒絕了他，這對原本雄心壯志的樊陵來説，實在是個不小的打擊。

另一位年青人叫做**郭泰**，這是他第一次到京城遊歷，也是他第一次接受名士們檢驗，但其實郭泰在鄉間早有名聲，許多人聽説他來了，都想一睹風采，而見到他的人無不豎起大拇指説：「果然是聞名不如見面！」但一般人説的不算，都期待着李膺的品評。李膺和郭泰交談後，對他讚賞有加，説：「我見士人多了，沒有像郭泰這樣的，我看華夏之內，很少有人比得上他！」大家聽説李膺認同郭泰，都興奮得不得了——無他，就像你喜歡一位新晉偶像，當他獲得天王級的前輩巨星肯定，作為粉絲也一定十分欣慰。

郭泰打算回鄉了，數千人跑到碼頭送他，場面比今天到機場接送國際巨星要盛大得多。沒想到李膺也來了，他還登上小舟，親自送郭泰過河呢！看着兩大偶像「合體」，兩岸粉絲陷入瘋狂狀態，激動尖叫那是必須，哭暈了也是有的。

郭泰拒絕做官，又少在京城，沒有被宦官逼害。可是

聽說陳蕃、竇武被殺，他傷心不已，沒幾個月就病逝了。假如他知道不久後連李膺也給害死，只怕要死不瞑目。

跟郭泰不一樣，被眾人嫌的樊陵下定決心要當官，為求達到目的，他選擇靠攏宦官，因此所有人都瞧不起他。但你以為他是個奸臣、貪官？樊陵沒有作惡，也沒有撈油水「自肥」，相反，他做地方長官時，在公元 182 年築成一條河渠，這河渠可說是象徵好官的襟章。怎麼說呢？這時候已是亂世，遍地都是貪官和盜賊，你認為組織人力物力完成一項具質量的工程有那麼容易？這是真正造福百姓的行為，而且比公正地審理幾宗案件困難許多！

想做官，還有另一個途徑──花錢買官。這是皇帝認可的買賣，不算犯法，也不十分可恥，當然不光采是肯定的。當時剛剛爆發了全國性的民變，叫做「黃巾之亂」，先前花大錢買三公職位的**曹嵩**（粵音鬆）因此給罷免了，樊陵掙扎了好一陣子，決定買個太尉來當。沒想到不夠一個月，樊陵又因為一個小小天災而被「炒魷」，成了最短命的三公，這錢算是白花了。他也再次成為世人的笑柄。

樊陵卻不知道，這次買官為他埋下一個更大的禍患。

東漢、三國

　　宦官殺死何進後，知道事態緊迫，便又重施故技，假傳聖旨委任了幾個官員，打算穩住京城局勢。樊陵被委派接管京城的警備，責任非常重要，這是因為宦官把樊陵視為同黨，更重要是樊陵做過太尉，「前三公」的身分比較有份量。

　　可是宦官才剛剛殺死何進，樊陵接手這爛攤子，何進之死他脫得了關係麼？再者，袁紹決定放手一搏，就不會再受假聖旨制肘。當袁紹見到樊陵時，二話不說就把他殺死了。

歷史小百科

① 甚麼叫做品評人物？

　　士人們閒來無事，除了討論時事，也會討論著名人物，說一些對他們的看法，再給一些評語，甚至起一個外號。這些品評如果出自名士之口，更會對被品評者造成極大影響，既可以把你捧上天，也可以把你踩在地上。這種誰名氣夠大就誰說了算，然後大夥兒跟風追捧或批評，真的跟現在的網絡欺凌差不多。不過，那些名士都會標榜自己公正，而且稱讚居多，批評較少，有私怨的則盡量避而不談。值得一提的是，當時品評人物已成時尚，更幾乎成為「制度」，曾經有人組織「月旦評」，在每個月的第一天進行一次新的品評，就像現在的甚麼龍虎榜、排行榜般，雖然只是噱頭，卻很受時人歡迎。

② 郭泰拒不做官，是不想跟宦官同流合污，還是怯於要和宦官抗爭？

自古以來，我國文化都對隱士有一種特殊的尊重，即便亂世中避禍，也犧牲很多——好像周朝的**伯夷、叔齊**，那種歸隱可不是躲在家裏吃喝玩樂，而是一種艱苦生活。不過郭泰不是隱士，他就是不做官而已。第一次黨錮之禍，大家捱過了牢獄之災，再加一點皮肉之苦，卻換來多大的名聲！他們批評朝廷和宦官的力度只有多、沒有少。第二次黨錮之禍卻不是玩的，那要死多少人呀！儘管好像李膺等慷慨就義的不少，但事後風向還是變了，大難不死的士人們，開始只品評人物，或探討一些玄幻故事，盡量避談朝政，這又是否沒有骨氣呢？我想說的是，不為私利做壞事，不屈從霸凌而助紂為虐，這已經很不錯了，即便你是挺身而出的英雄，也不代表你可以批評躲起來的人。

③ 為甚麼樊陵買官才一個月就被罷官？

樊陵出錢買的官，是三公之一的太尉，這三公作為全國最高的官位，有着一種「政治責任」——所謂政治責任，就是你這個職位應該承擔的責任，而不是你本人有沒有做錯的責任。現代也是一樣，如果某政府部門發生重大醜聞，無論是否跟部長有關，部長也會下台負責，分別只是負責概念不同：以前是向上天負責，如今就是向人民負責。

4 樊陵真的是一位好官嗎？
他被大家輕視是否太不公平？

我肯定樊陵是個好官，正如前面說，判幾宗案件博取名聲容易，落實執行並完成一項治河工程卻要困難得多！何況那還是亂世呢！他好可能是整個地方部門裏唯一在認真做事的人啊！至於公平不公平，幸好還有**蔡邕**（粵音翁）。蔡邕也是一位名士，經常給人撰寫碑文。郭泰死後，他也寫了一塊碑，事後對人說：「許多人找我寫碑，我盛情難卻，難免昧着良心去寫。惟有郭泰，我怎麼讚他也是問心無愧！」但很少人知道的是，蔡邕有日路經樊陵修築的河渠，一看之下大是感慨，便主動寫了一首《樊惠渠歌》，或算是對樊陵的公正評價。

第十六個故事

小時了了，大未必佳——孔融

　　我們再多講一個東漢末年的名士的故事，這人我必須從他小時候開始講起，因為他的名字叫做**孔融**。

　　你聽說過孔融讓梨吧？沒錯，孔融讓梨好像無人不知，詳情到底是怎樣的？為甚麼讓一個梨便能傳頌千古？

　　故事是這樣的：孔融四歲的時候，家人買了兩個梨子回家，孔融取了較小的一個，把大梨讓給哥哥。

　　太簡單了吧？還有更簡單的，《三字經》就是「融四歲，能讓梨」六個字。孔融四歲就懂得敬愛兄長，的確應該加以表揚，拿來做兄弟相處的榜樣，但其實他身上還有許多有趣的故事，讓梨只是最家傳戶曉的一個——譬如他見過李膺，這也是我選擇在這裏提起他的原因之一。

　　試問誰不想見李膺呢？孔融還只是個小孩，竟然也湊熱鬧，真是門都沒有！沒想到孔融真的找上門去，對負責

東漢、三國

看門的僕人說：「我是你家主人的親戚。」僕人見他年紀小小，不虞（粵音如）有詐，便讓他進門。李膺見到孔融，看出他在使詐，打趣問他：「我們有甚麼親戚關係啊？」孔融理直氣壯地回答：「我的祖先孔子認識你的祖先老子，所以我們也是世交了。」孔融的確是孔子的後代，而老子相傳姓李，也不知是真不是。不過，在場的名士讓孔融逗樂了，都哈哈大笑，誇讚他聰明。只有一人不以為然，說：「小時了了，大未必佳。」意思是小時候聰明，長大後未必就很出色。孔融笑着反問他：「你小時候一定很聰明吧？」那人被說得無言以對。

過了好幾年，第二次黨錮之禍爆發，這次宦官不再手軟，許多人被害死了。其中有一個叫**張儉**的也被宦官通緝，他不願束手就擒，便展開流亡。那麼他打算到哪裏？逃跑路線如何設定？張儉沒想那麼多，總之走到哪裏是哪裏，可幸他名聲在外，只要他叩門，大家都願意收留他。

只不過，宦官找不到張儉，這些收留他的人就糟糕了。

張儉也曾經投靠**孔褒**（粵音煲）——孔融那個吃了大梨的哥哥。孔褒不在，孔融便自行想法子藏起他。後來事

情敗露，張儉繼續逃亡，孔家卻被抓進監獄裏。孔融說：「人是我留下的，應該殺我！」孔褒說：「張儉找的是我，與我弟弟無關！」兩人的母親說：「我是家中長輩，當然由我負責！」這就是所謂「一門爭死」。後來皇帝將孔褒處決，孔融卻因此名揚天下。

讓梨容易，爭死並非人人做得到吧！

從以上兩件事可以知道，孔融愛護家人，但恃才傲物，而且不平則鳴。甚麼叫恃才傲物？我再舉一個例子好了：孔融後來在曹操底下辦事，對曹操的行徑有許多瞧不過眼的地方，經常不留情面提出反對。這都算了，有一回，他給曹操寫信，順便寫了一句「武王伐紂，把妲己賜給周公。」曹操也是博學多才的人，他沒聽說過這故事，竟起了好奇心，跑去翻遍史書，最後忍不住直接問孔融：「你這典故是在哪本書裏看到的？」孔融不懷好意地笑道：「哪有！我不過是根據最近的事聯想，猜測那時候必然也是這樣子。」原來，不久前曹操在一場大勝仗裏虜獲敵人的妻子，之後讓兒子**曹丕**（粵音披）娶了她。看着孔融一本正經地胡說八道，曹操終於動了殺機，後來羅織罪名把他殺

了。

　　孔融一對子女也遺傳了父親的聰敏。曹操派人前來捉拿孔融，孔融求情道：「一切都是我的過錯，可以放過我兩個孩子嗎？」兄妹倆才八九歲，神色不變地説：「爹爹，你聽説過鳥巢傾跌，裏面的鳥蛋還會完好無缺嗎？」曹操果然沒有放過他們，這便是「覆巢之下無完卵」的典故。

　　我告訴你們這個故事，不因為孔融對歷史有多大影響，而是希望你們明白，無論假聰明、小聰明還是真聰明，不懂得保持謙遜的話，很容易招來惡果。

1 孔融真的被人說中了，長大後不怎麼樣嗎？

　　是的，孔融極其量只能算小聰明而已。孔融長大後，做過許多不同的官位，但都沒有做出成績來，最突出就是在洛陽跟董卓鬥嘴，在**許昌**跟曹操鬥嘴，雖然每次都振振有辭，說到底也不過一張嘴而已。作為孔子後人，孔融學問不見得特別好，他出色之處在於聰穎敏捷、才情洋溢，所以他的經學水平一般，但文辭作品極得世人喜愛。總的來說，孔融一輩子名聲響遍中華大地，是東漢末年、三國時期最知名的人物之一，但和許多其他同期的歷史人物相比，我認為他是名大於實。

② 差點累死孔融的張儉是誰？

張儉的事跡不多，卻也是個名氣很大的人，他以品行德性見著，與另外七人合稱「八及」，又稱「江夏八俊」（不同於李膺那一組），成員包括孔融的另一個哥哥**孔昱**（粵音郁），以及頗有名氣的**劉表**。張儉起初不願做官，做了便跟宦官**侯覽**作對，被視作眼中釘。後來，侯覽找到陷害張儉的藉口，張儉不甘心坐以待斃，展開逃亡。張儉這一走，竟然引發了第二次黨錮之禍——他獲得許多人包庇、保護，最後成功逃到塞外，然而這些幫助過他的人，事後都受到牽連，被殺、被囚不計其數。等到黨錮取消，張儉重返中原，包括三公在內都想聘他做官。張儉有感過去連累了太多人，便在戰亂時拿出家財接濟鄉民，成千上百的人因為得到他的救助而存活下來。

③ 第二次黨錮之禍，不是因為陳蕃、竇武密謀對付宦官事敗所導致的嗎？

　　第一次黨錮之禍始於公元 166 年，李膺被囚禁數月，在公元 167 年結束。而第二次黨錮之禍卻分成幾波，為期要長很多。竇武、陳蕃事敗於公元 168 年，當時宦官就殺了一批人，但調查仍然持續；同時朝中不斷有大臣為竇武喊冤，先後被罷免、囚禁或殺死，被假詔書騙去逮捕竇武的張奐，也因為不肯領「平叛」的功勞，以及提出為竇武平反、建議李膺出任三公而遭免職，禁錮終身。宦官見士人始終不肯死心，決定加大力度對付他們，於是利用張儉的案子（公元 169 年），再一次把李膺等人牽扯進去。從這時候開始，黨錮之禍基本沒停止過，不時有士人遭逮捕和殺害。公元 176 年，靈帝進一步擴大黨錮範圍，就連黨人的弟子和下屬，都被列入禁錮名單。一直去到黃巾之亂爆發，靈帝需要黨人幫忙平亂，更怕黨人跟着造反，才正式結束黨錮，這一年已是公元 184 年了。

④ 張儉逃跑累死這許多人，到底是應該不應該？

總不能要求張儉為誣告白白送死吧！當然，張儉起初也不知道宦官如此喪心病狂，殺死這許多人，更何況宦官只是借故對付士人，即便張儉自首，他們總可以另外找到藉口繼續逼害士人的。在這第二次黨錮之禍，有人選擇逃亡，也有人選擇慷慨就義——當得知宦官為了張儉一案大肆搜捕士人，便有人勸李膺離開京城，李膺卻不理會，他甚至不等宦官的爪牙上門便跑去投案。又例如有一位叫**巴肅**的官員，直接參與了竇武和陳蕃的計劃，宦官卻不知道，所以沒有逮捕他，但他竟然去縣府自首。那位縣令也是忠義之人，打算官也不做了，和巴肅一起逃跑，無奈巴肅抱着必死的決心，因此一口拒絕，最後被宦官殺害。

第十七個故事 這兩個人就是來搞事——董卓與呂布

不同媒體裏的董卓，都被刻畫成肚滿腸肥的模樣，其實他屬於高大肥壯一類，力大無窮卻又身手靈活，擅長射快箭，能夠左右開弓，所以上戰場時總是揹着兩大袋箭才夠用。

董卓曾跟隨張奐出征，張奐很重用他，他也立了不少戰功。張奐被騙去捉拿竇武後，因為受到良心責備而閉門不出，董卓曾經三番四次派人送禮，張奐全部退回——張奐看重董卓的戰功，對他為人卻不敢恭維，不想和他扯上任何關係。

何進準備對付宦官，又怕力量不夠，便想到了名聲漸響的董卓。董卓也覺得這是他「上位」的好機會，於是一口答應，帶着三千人馬火速趕去洛陽。

董卓抵達洛陽前，宦官已殺死何進，並脅持小皇帝逃

東漢、三國

出皇宮，可是中途卻走散了。董卓幸運地在洛陽城外發現了小皇帝，這「救駕」的功勞可真是不得了啊！

由於最有份量的外戚、國舅何進已死，洛陽城可說是群龍無首，而董卓第一時間收伏呂布，頓時成了京城裏實力最雄厚的人，掌握所有人的生殺大權！對董卓來說，原本只打算與何進「分一杯羹」，現在是整個餅他一個人獨吃！那他該怎麼吃這個餅呢？

可惜的是，董卓是個粗魯的武夫，他不知聽了誰的意見，任用了幾位名士做官，同時又給竇武、陳蕃平反，這些都是大大的好事；但他本人有些想法，卻是無論如何都要實行，而第一件就是廢立皇帝！這是多大的事啊？而且你動機是甚麼？董卓說，原本的小皇帝**劉辯**是個廢物、愛哭鬼，遠不及他弟弟**劉協**聰敏，所以要立劉協做皇帝。這下可惹火了以袁紹為首的許多人，但董卓一意孤行，直接跟袁紹說：「小子！天下的事，難道不是我說了算？我要這樣做，誰敢不聽我的？」末了還補上一句：「你以為我董卓的刀不夠鋒利嗎？」袁紹怯了，但所謂輸人不輸陣，他還是硬着頭皮拋下一句狠話：「天下的強者，又豈只你

董卓一人？」説着還揮了揮手中寶刀，轉身步出皇宮，才出皇宮便立刻上馬逃出京城。

董卓終於還是廢了小皇帝，把劉協捧上皇位，他就是名氣不輸漢朝任何一位偉大君主的**漢獻帝**了，也是我國上下數千年歷史裏，最著名的一位傀儡皇帝。

之後，董卓不斷讓獻帝為自己加官進爵，三公他已不放在眼裏，先後受封相國、太師。漢朝只有開國時候蕭何當過相國，董卓竟敢和蕭何相提並論，也不害羞。

袁紹逃跑後，組織了一個「反董聯盟」，有許多人參加。這「反董聯盟」細數董卓的罪狀，當然包括廢立皇帝，而讓劉辯復位正是「反董聯盟」的主張之一。董卓一不做、二不休，把劉辯殺了，然後逼着獻帝遷都，搬去遠離袁紹等人的西漢舊都——**長安**。當時許多人反對遷都，董卓幾乎又要殺了楊彪（那個楊震的後代，楊家四世三公的最後一人），幸好有蔡邕給他講好話。蔡邕是董卓真心重用的名士，許多人都怪他幫董卓辦事，但至少他救活了許多人——董卓比較願意接受他的意見。

　　董卓換皇帝是第一大笨事，第二大笨事就是遷都。你這不是告訴大家你是紙老虎嗎？你有這麼害怕反董聯盟？是的，他害怕，他敢面對面和敵人嗆聲甚至廝殺，卻還沒膽量跟全天下為敵。董卓還有第三件大笨事，就是離開洛陽時放火將它燒了，除了洩憤，想不出別的原因。

　　大家都恨透了董卓，當中包括司徒——**王允**。王允一直思考對付董卓的辦法，終於想到了戰鬥力不輸董卓的呂布。呂布，人稱「人中呂布」、「三姓家奴」……呀，這「三姓家奴」是小說虛構，用來嘲笑他不忠不義（呂布認了兩個乾爹，加上自己原來的姓，便是「三姓」）。總之，王允說服了呂布，呂布在陪伴董卓上朝時突然發難，由保鏢變殺手，將董卓殺死。

　　呂布在好幾場戰役裏顯示了高強的武功，卻又未至於不可戰勝——事實上，不見得有敵將不敢跟他打，而且常常能夠打贏他。是的，以呂布的名氣，他吃的敗仗也太多了。這是因為他沒有韓信、張良的軍事知識，就連勇武也遠比不上項羽。項羽的勇武是有感染力的，只要項羽帶頭

衝鋒陷陣，士兵們都能以一敵十。

呂布殺了董卓後，很快又被董卓原來的部下打敗，從此過上浪人的日子——他帶着自己的士兵，先後想要投靠袁紹、**袁術**、曹操、**劉備**……然後又背叛劉備。他不曾對任何人忠心，甚至沒有一個相處得來。

最後，呂布被曹操擒住，他還對曹操説了一番豪言壯語：「你最顧忌的人就是我呂布，從今以後，你率領步兵，我率領騎兵，輕易便能掃平天下！」想要活命、投降，還能夠把話講得這麼動聽，也真難為他了。

董卓和呂布到底做過甚麼有建設性的事情呢？他倆就是一再地破壞、搞亂這個時局。不過，他們也是有份推動歷史巨輪的人，畢竟先有破壞，才有需要建設。但你願意學董卓、呂布做那破壞的人，讓自己遺臭萬年來成就別人的名垂千古嗎？

東漢、三國

① 董卓為甚麼要廢立皇帝？

董卓很想「上位」，但他一介武夫，沒甚麼長遠規劃。其實，看董卓的經歷，上天待他不薄，機會一個接一個出現，只可惜他把一手好牌給打爛了。董卓當初答應幫助何進，不可能預計到自己有脅持天子的機會；甚至救了小皇帝後，也不可能知道京城會發生甚麼狀況。因此董卓廢立皇帝，我認為只是忽發奇想，而且出於一己喜惡：第一，沒耐性的董卓對劉辯印象極差，問他甚麼都答不上來，儘管年紀幼小，也太沒皇帝風範了吧？相反弟弟劉協和董卓對答如流，十分討人歡喜；第二，劉協由董太后教養，董太后卻在宮鬥裏輸給何進兄妹，董卓覺得和董太后同姓三分親，對劉協多了一番親切感。其實，假如董卓先弄清楚自己有甚麼打算，或許也會認為無能的劉辯比聰穎的劉協更適合當傀儡！廢劉辯、立劉協是董卓所做的第一個、也是最錯誤的決定，唯一「作用」就是立刻得罪了所有大臣，並為自己招來「反董聯盟」。

② 董卓為甚麼能夠立刻控制住洛陽？

當初董卓為了盡快趕抵洛陽，只帶了三千名士兵——按原定計劃，他和何進合兵，足夠對付宦官了。誰知道情勢突變，宦官殺死何進，袁紹殺死宦官，已用不着董卓幫忙。但董卓不甘心空手而回，碰巧又給他找到皇帝，便以護送皇帝為名，繼續引兵進城。董卓欠缺政治才幹，小聰明還是有的，特別擅長虛張聲勢。他吩咐部下連續幾晚摸黑出城，在城外重新集結，天亮後又浩浩蕩蕩的開進城裏，營造出增援部隊陸續抵達的情景。另一方面，董卓又向負責京城守備的執金吾**丁原**入手，買通丁原的部下呂布，讓他殺死丁原，把守備軍隊也據為己有。

③ 丁原和呂布只是上司下屬的關係嗎?

丁原是抵抗外族的猛將,後來受何進邀請回京擔任執金吾,有份策劃對付宦官。丁原很愛護和重用下屬呂布,更有故事說他把呂布收為義子。總之,丁原萬萬想不到呂布竟會恩將仇報。根據後來董卓高升呂布的官位,估計這就是董卓答應呂布的條件啦!只不過,每當想到呂布之後也對董卓做了同樣的事情,我腦海裏不其然閃過「報應」二字。

④ 曹操真的如此顧忌呂布嗎?

當時的人或多或少都會顧忌呂布。雖然呂布並非戰無不勝,但總能給你帶來麻煩,如果放着他不理,比方說讓他在某城某縣落腳,哪天你遇到危機時,他就會給你來個「趁火打劫」;又假如你不是不管他,而是招攬他、重用他,哪天你遇到危機時,作為部下的他還是會「趁火打劫」。不過,這種顧忌就像提防蒼蠅一樣,沒甚麼大不了。曹操壓根兒不曾把呂布當對手,他最多只能算是個「麻煩製造者」罷了。

三國時期

公元 220 年至公元 280 年

曹魏

（效力曹操，為官清廉）

（反抗董卓，於董卓死後，將漢獻帝接到許都，挾天子以令諸侯）

華歆　——輔助——→　曹操

好朋友

兒子　　兒子

管寧　　曹昂　　曹丕

（自命清高，過着半隱居的生活，不問世事）

（為救曹操而戰死沙場）

（世子，於公元 220 年，得漢獻帝禪位而稱帝）

圖例

表示三國時期的霸主或皇帝

——→

表示兩者之間的關係

——人物關係圖——

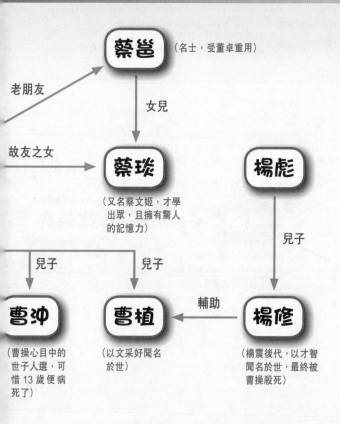

蔡邕（名士，受董卓重用）

老朋友

女兒

故友之女

蔡琰
（又名蔡文姬，才學出眾，且擁有驚人的記憶力）

楊彪

兒子

兒子   兒子

輔助

曹沖
（曹操心目中的世子人選，可惜 13 歲便病死了）

曹植
（以文采好聞名於世）

楊修
（楊震後代，以才智聞名於世，最終被曹操殺死）

三國時期

公元 220 年至公元 280 年

蜀漢

——人物關係圖——

（一心追隨劉備，戰力超強；但最後
遭曹操及孫權聯手攻擊而被擒殺）

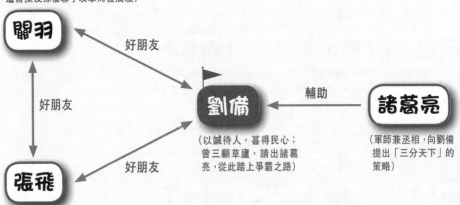

關羽

好朋友

好朋友

張飛

好朋友

劉備

（以誠待人，甚得民心；
曾三顧草廬，請出諸葛
亮，從此踏上爭霸之路）

輔助

諸葛亮

（軍師兼丞相，向劉備
提出「三分天下」的
策略）

圖例

表示三國時期　　　表示兩者之間
的霸主或皇帝　　　的關係

孫吳 ──人物關係圖──

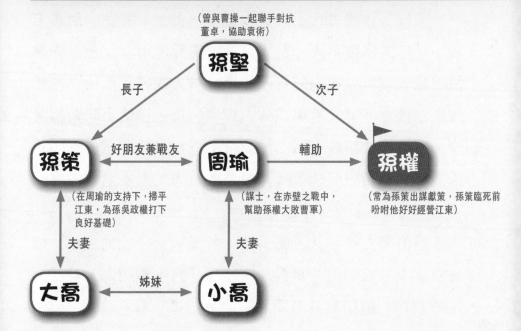

（曾與曹操一起聯手對抗
董卓，協助袁術）

孫堅

長子 　　　　　　　　　　　　次子

孫策 ←好朋友兼戰友→ **周瑜** ──輔助→ **孫權**

（在周瑜的支持下，掃平
江東，為孫吳政權打下
良好基礎）

（謀士，在赤壁之戰中，
幫助孫權大敗曹軍）

（常為孫策出謀獻策，孫策臨死前
吩咐他好好經營江東）

夫妻 　　　　　　　　　　夫妻

大喬 ←姊妹→ **小喬**

從假的開始講起——幾個亂世奇女子

第十八個故事

　　我給你們講歷史故事，都盡量揀最可信的來講，但這一篇，讓我先從一個虛構的人物開始講起——她就是**貂蟬**。

　　貂蟬是我國古代四大美人之一，但她只曾在小說裏出現。《三國演義》說，貂蟬是司徒**王允**的婢女，王允先讓呂布見到貌美如花的貂蟬，答應讓兩人成婚；然後再把貂蟬送給董卓，造成董卓霸佔貂蟬的假象，逼使呂布背叛董卓。根據史書記載，呂布的確喜歡過董卓的一個侍女，也因為這件事而讓他起了背叛董卓的心思，至於這位婢女是否名叫貂蟬，就沒有人知道了。

　　這位奇女子，《三國演義》並沒有交代她的結局，但數百年來，人們出於想像，產生了「月下釋貂蟬」和「月下斬貂蟬」兩個截然不同的結局，一釋一斬，一生一死，

放她或斬她的人，無獨有偶都是關羽。有人說，呂布死後，關羽遇到貂蟬，因為憐憫她的遭遇，便放她離開；也有人說，呂布死後，關羽遇到貂蟬，認定她紅顏禍水，為了不讓世人（主要是劉備）再受她迷惑，所以便斬了她；更有人說，關羽本想斬了貂蟬，最後還是於心不忍，決定放她離開，可惜冥冥中自有主宰，靠牆放着的那把大關刀忽然掉落，結果還是斬了貂蟬。

別以為只有故事角色才有波瀾起伏的人生，現實中的人物，命運往往要更顛沛流離、曲折離奇。前面好幾次提到蔡邕，這位多才多藝的名士有個女兒叫做**蔡琰**（粵音染），我們也叫她**蔡文姬**，才學絲毫不輸父親。蔡琰在戰亂中和家人失散，結果被胡兵捉住，輾轉送到南匈奴當女奴。蔡琰跟着匈奴人在荒漠中一住就是十二年，這消息才傳進曹操耳朵。想當年，曹操和蔡邕相處得不錯，為了這位老朋友，曹操動用了一切關係，花大錢把蔡琰贖回來，「文姬歸漢」也成了一時佳話！

蔡琰回到中原後，曹操給她安排了安穩的生活。有一日，曹操和蔡琰談起蔡邕生前收集的許多圖書，蔡琰告訴

曹操所有藏書都在戰火中丟失了，曹操大感可惜。蔡琰説：「先父的藏書我都看過一遍，直到現在還記得其中四百篇。」曹操覺得難以置信，便讓蔡琰把她記得的全都默寫出來。蔡琰這驚人的記憶力，對保全我國文化作出了重大的貢獻。

除此之外，蔡琰也遺傳了蔡邕的音樂細胞，擅長彈奏古琴。蔡琰譜寫了一曲《胡笳十八拍》，裏面吸收了匈奴的音樂精華，同時包含了蔡琰對生活的深刻體會，被譽為我國古代十大名曲之一。

要數三國時代最著名的女性，非**大喬**、**小喬**莫屬，尤其是小喬，誰都聽説過她，卻未必知道她的故事。這大小二喬，其實叫做「二橋」，歷史上真有其人。有一天，江東的**孫策**和**周瑜**攻取了**皖**（粵音碗）**城**，因為聽聞當地橋老伯的兩個女兒國色天香，便在好奇心的驅使下前去看看，一見果然驚為天人，這兄弟倆便「分贓」似的把二橋分了去。有關二橋的真實記載也就這樣，但經過文人渲（粵音算）染，好像**蘇東坡**寫的「遙想公瑾當年，小喬初嫁了，雄姿英發」，刻畫了周瑜、小喬的英雄美人配；又好像**杜牧**的「銅雀春深鎖二喬」，乾脆説曹操為了搶得二

喬才發動赤壁之戰，這些都讓小喬形象變得豐滿、突出，彷彿三國歷史裏處處有她。

　　但真正的歷史裏，二橋地位可有可無。而且，孫策在得到大橋後的第二年就死了，周瑜也不過多活了十年。可憐的二橋，年紀輕輕就成了寡婦，希望她們的日子不太難過吧！

　　最後我還想提一提**孫夫人**。孫權為了籠絡劉備，決定把妹妹嫁給他。這位孫夫人性格剛強，武藝更在劉備之上，她養了百餘名女兵，常常把刀劍帶在身邊，劉備進出房間都感到害怕。過了好幾年，兩人一直無法培養出夫妻感情，最後劉備只好把她送回東吳去。

　　但在小說裏頭，孫權所以提議聯姻，只是用來欺騙劉備，希望引他上鈎，將他囚禁或殺死，並不打算真的嫁妹。豈料最後還是被劉備帶着孫夫人逃走了，這就是所謂「賠了夫人又折兵」，用來比喻得不償失。

　　小說裏的孫夫人「嫁雞隨雞」，和劉備十分恩愛，可惜後來孫夫人和劉備失散了，只好返回東吳，又因誤以為劉備已經戰死，她選擇跳江殉情。

　　在許多故事和戲曲裏，這位孫夫人名字叫做**孫尚香**。

歷史小百科

① 蔡邕是個怎樣的人？ 董卓為何這樣尊重他？

　　蔡邕是東漢末年的名士，同時也是文學家、經學家、書法家、音樂家和收藏家。他年輕時勇於跟宦官對抗，得罪了許多人，後來他心灰意冷，便躲起來，直到董卓用他家人的性命作要脅，迫不得已才又出來做官。董卓雖然橫蠻粗野，但對蔡邕還算尊敬，許多時候都會聽從他的意見。等到董卓被殺，個性仁厚的蔡邕難免有些感念，沒想到司徒王允因此把蔡邕當成董卓同黨，將他殺死——王允氣量狹小，他曾經跟蔡邕起過衝突，這是他公報私仇。此外，蔡邕家裏藏書曾經逾萬卷，可說是除朝廷的蘭台以外，藏書最豐富的地方。

② 蔡琰的才華真的如此出眾嗎？

　　儘管蔡琰流傳後世的作品極少，但看時人對她的讚頌，應當不假。我國才女不少，但出身清白、名留青史的卻也不多，而在這幾位才女當中，蔡琰最多才多藝，同時也遭遇最多災難。當然，蔡琰家學淵源，書法、琴藝、詩文都是父親蔡邕所教，超強記憶力也可以是蔡邕遺傳，但不能抹殺她的好學勤奮，讓她在孩童和少年時期便打好了根基——要是年少時沒認真看過那些藏書，如何記得其中四百篇？要是年少時沒把琴技練得爐火純青，如何在過了十二年苦難日子，仍能譜出千古名曲？難道在當女奴時，她還能夠時常練習嗎？

③ 曹操真的為了搶得二橋才發兵侵略江東嗎？

　　當然不可能，這也太小看曹操的格局了。曹操是當時視野最寬廣的政治人物，他每走一步都經過深思熟慮，足以改變整個時局和形勢。所以會有這種傳言，除了文人的二次創作，曹操喜歡女子亦確是實情：曹操有許多妻子，也有把俘虜得來的、屬於敵人的妻子據為己有的例子，實在不能怪別人誤會他。

④ 到底二橋是孫策、周瑜的妻子還是俘虜呢？

　　孫策和周瑜身上都帶有豪俠性質，但同時也是貨真價實的軍閥。在那個時候，軍隊佔領了一個城鎮，不搶人家的財貨妻女，就算是紀律嚴明，也不是人人都能做到。當然孫策的軍隊有一定的紀律，但孫、周二人親自上門，橋家老伯敢說不麼？我有些懷疑。史書記載，孫、周二人是「納」了二橋，所以不是俘虜，但極有可能是納妾而不是娶妻，這納妾，也不一定因為家裏早有妻子，而是這位橋老伯家世尋常，他兩個女兒再漂亮，也不可能跟孫策「門當戶對」。孫策還曾輕挑地與周瑜打趣說道：「二橋雖然經歷戰亂動盪，如今有我們二人作夫婿，也應該滿足了。」

爭霸的第一回合——袁紹與曹操

　　袁紹是士族子弟，袁家也是四世三公，聲望在所有士族之上。這位袁紹，大概比曹操年長幾歲，兩人年少時已經認識，稱得上是朋友，經常一起做些行俠仗義的事情。

　　至於曹操，他的出身比常人好很多，但又跟袁紹差得遠——他父親名叫**曹嵩**（粵音鬆），是桓帝時候的宦官**曹騰**的養子。曹騰頗受重用，累積了許多財產，但宦官本來就讓人瞧不起，宦官的養子和孫子自然也沒甚麼好名聲。

　　得知何進被殺後，袁紹決定放手大幹，殺死許多宦官。可是之後董卓入京，竟然不把他放在眼裏，還主張廢立皇帝！袁紹堂堂世族子弟，受不了董卓的脾氣和臉色，於是逃出京城，號召大家起來反抗。

　　董卓也想籠絡袁紹他們，便用獻帝名義封他們做太守、州牧等大官。袁紹樂於接受，然後用董卓封的官職，領兵

去打董卓。董卓氣瘋了，決定把袁家還留在京城的人全部殺死。

對於親人的死，袁紹並不十分關心，他跟親兄弟袁術鬥個你死我活，更不用説其他人了。袁紹和許多反對董卓的勢力組成「反董聯盟」，然而大家聚在一起，每天只顧風花雪月，卻不急着攻打洛陽。誰真心為國家啊？説穿了，這只是一場軍閥的聯誼活動和政治秀，好讓大家有個藉口公然擺脱朝廷指揮。

在這許多人當中，只有曹操和孫堅兩人真的跑去攻打董卓。是的，曹操也參加了反董聯盟，可是當他看清楚這些軍閥的嘴臉後，果斷地脱離聯盟，想辦法發展自己的勢力去了。

曹操是個有志氣的人，一直都想幹大事，至於甚麼才算大事，要看天時、地利、人和。我想，曹操在反董聯盟裏看到那些實力靠前的軍閥，志向登時大了許多：「這種傢伙就是擋在我前面的障礙？不超越他們也太對不起自己了吧？」

之後數年，袁紹展開了和親兄弟袁術的鬥爭，曹操則

東漢、三國

盡量避免跟這位「老朋友」衝突，嘗試在其他地方建立自己的地盤。有關曹操的信息傳到遷都長安的獻帝耳中，獻帝封了曹操的官，算是對他的肯定。

公元 196 年，獻帝在董卓死後，幾經艱苦從長安逃回洛陽。可是洛陽皇宮已被燒毀，獻帝和大臣們都是三餐不繼，住宿都成問題。曹操決定把這位無人問津的獻帝「據為己有」。說動聽點，就是接到許昌去，又把**許昌**改名**許都**，當是遷都。

我國上下數千年歷史，挾天子以令諸侯的人不少，但以曹操最是成功。

看到曹操連串舉動，袁紹便把矛頭指向他。這時候袁紹與曹操相比，還是擁有壓倒性的優勢，但那只是計算所有條件後得出的結論，最關鍵的是，曹操本人比袁紹出色得多。

袁紹是一位俗世佳公子，長相好看，談吐優雅，也有真才實學，可是他性格優柔寡斷，遇事猶豫不決，這才是「致命傷」！當日衝進皇宮大殺宦官，已是袁紹一生中最果斷的一次，頂多把逃出長安、組織反董聯盟也算一次，

之後便再無「佳作」了。

那時候，還未自立門戶的劉備，和袁紹走得比較近。當袁紹打算對曹操動武時，曹操便考慮先攻擊劉備，去掉袁紹的助力。曹操的部下問他：「如果我們攻打劉備，袁紹偷襲我們的話，我們怎麼辦？」曹操很早已認識袁紹，對他十分了解，笑着說：「放心吧！等到袁紹拿定主意，仗都已經打完了！反而我們對付袁紹，劉備倒是很有可能夾攻我們！」

果然不出曹操所料，袁紹遲遲不肯出兵。袁紹的部下心急死了，便有人勸他盡快攻打曹操，袁紹點頭說：「你分析得很有道理，不過我兒子正在生病，還是等他好了再說吧！」

袁紹和曹操終於要決一死戰了！曹操聲東擊西、火燒糧草，袁紹一直沒能決定用哪種方法應付，等到他發出命令，都被曹操預先算到，加以提防，反而讓幾個得力部下白白送死。袁紹的指揮愈來愈亂，部下們都察覺到問題，可是袁紹不接受大家提出的意見，一意孤行地逼着部下去進行形勢不利的戰鬥。這些部下只好勉強出戰，後來果然

陷入危機之中，當他們想到是袁紹逼着自己這樣做，把心一橫，紛紛向曹操投降。

袁紹眾叛親離，好不容易才帶着兒子逃離戰場。這場戰爭發生在公元 200 年，我們便叫它「官渡之戰」（**官渡**是地方名），堪稱以少勝多、以弱勝強的軍事教科書。

官渡之戰後，袁紹的基本實力還是十分雄厚，但他已經輸了氣勢，也輸了信心，兩年後便病死了。他偌大的地盤被兩個兒子和部下瓜分，這兩個兒子也學父親一樣，自己兄弟先鬥起來，但他們的才幹又比袁紹差很多，陸續給曹操消滅了。

爭霸第一回合結束，由曹操擊敗袁紹晉級，取得了北方的代表資格繼續參賽。

——官渡之戰示意圖——

鄴城

水

黎陽

白馬

水

河內郡

河

濮

鳥巢

原武

官

陰

渡

官渡

水

溝

水

圖　例

曹軍方向
曹軍反攻
袁軍方向

許都

歷史小百科

① 曹操早年真的與袁紹相熟嗎？ 曹操又做過甚麼行俠仗義的事情？

是的。袁紹是士族子弟，在二次黨錮之禍前後便在洛陽生活，與太學生都有聯繫。那時候曹操只有十五六歲，剛剛進入太學，兩人因此認識。曹操的父親雖然是宦官養子，但曹操一直想以文士自居，試過參與上書為竇武、陳蕃平反。曹操曾經潛入那個與李膺作對、被靈帝稱爹的張讓家中（行刺），被發現後且戰且走，最後全身而退，這都讓袁紹很欣賞他。

② 也有人說袁家是「四世五公」，到底是「三公」還是「五公」啊？

「四世三公」是指袁家四代都有人做到了「三公」，這跟楊震一家的「四世三公」是同一個意思；「四世五公」則是更詳細地指出袁家四代裏合共有五人做到了「三公」的意思，兩者並沒有矛盾。

③ 袁紹為甚麼跟親兄弟袁術關係惡劣？

袁紹雖然是袁術兄長，但因為庶出（母親並非正室），小時候便過繼給父親的兄長做養子，因此他名義上也是袁術的堂兄。袁術卻沒有把袁紹當兄弟或堂兄，而是視他作家奴（對袁紹母親的侮辱）。為甚麼呢？因為袁術除了是「嫡子」以外，甚麼都輸袁紹一大截，極度自卑下只好攻擊袁紹的出身了。呀！袁紹庶出的身分，也是他交友不問出身、不會歧視曹操的原因。

④ 袁術是一個怎樣的人，他有當皇帝的才幹嗎？

　　四世三公的袁家聲望實在厲害，在董卓作亂後，兩兄弟分別振臂高呼，竟各自招攬到當時最多的人才和士兵，建立起當時最大的兩股勢力，試想一下如果不是他們兄弟倆不和，哪有讓曹操坐大的機會？加上劉備、孫堅都會繼續在袁氏麾下效力，根本不可能出現甚麼三國時代。但袁術實在沒有才幹，沒有眼光，更加沒有氣度，他只顧和別的軍閥爭地盤，當他擊敗對手、將城鎮搶回來後，壓根兒不去思考如何施政、改善百姓生活。袁術也是「自卑變自大」的典型，他聲稱從來沒聽說過劉備（這講法太假、太誇張了），後來更是第一個稱帝──是的，就連董卓、曹操都不敢做的，他袁術偏偏就敢做！公元 197 年，袁術過起奢華的皇帝生活（這就是他所謂做皇帝的全部），結果不出兩年便耗盡所有財富，百姓民不聊生，士兵沒有軍餉，就連袁術自己也是糧食不繼。袁術沒有辦法，只好放下面子給袁紹寫信，表示想要投靠他，並把帝號獻給他。可是袁術捱不到見袁紹，便在窮困之中憂憤而死。

⑤ 曹操迎接漢獻帝時，難道沒有人跟他搶嗎？為甚麼漢獻帝會「無人問津」？

　　首先，董卓完美示範了挾持天子的反效果，不但無法號令諸侯，反而招來了「反董聯盟」；其次，以袁紹為首的軍閥只想當一個不受管束的「山寨王」，譬如有謀士提議袁紹迎接獻帝，袁紹卻認為把獻帝放在旁邊，便要常常向他請安，做事也要得他批准，麻煩死了；此外，養一個皇帝必須花大錢，這些錢自己花不好、偏要拿去供養別人？其實，當時也有些人想爭奪獻帝，但都是些賊兵，好可能是想用獻帝換取贖金，獻帝要是落入他們手裏，就成了階下囚，跟傀儡比較，不知道哪種身份強一點？

東漢、三國

⑥ 故事裏提到太守、州牧這些官職,可以介紹一下嗎?

它們都是地方長官的官銜。西漢的地方制度繼承了秦朝的郡、縣二級制,地方長官是郡守(太守)和縣令,後來又增設州刺史一職,用來監察地方,每一位刺史負責監察若干郡縣。一直等到東漢末年,朝廷把州刺史改為州牧,擁有軍、政大權,負責鎮壓黃巾之亂,於是地方政制由郡、縣二級制改成州、郡、縣三級制,州成了最大的行政區——秦朝時全國分三十六郡,漢朝疆域更廣,郡縣數目更多,但州只有十三個,能夠成為州牧,已跟戰國七雄的級數差不多!

7 可是，軍閥們都割據稱雄了，還要這些官銜做甚麼？

當時並非人人都像袁術般膽敢不把漢朝當一回事。曹操想要得獻帝，和袁紹不想得獻帝，其實都源自無法無視獻帝（漢朝）的存在。軍閥們的心態跟春秋五霸、戰國七雄相似，就是把漢朝皇帝放一旁，在不改朝換代的情況下，大家各自為政，而有了官銜，割據起來也更加名正言順。在董卓亂政以後，官銜是這樣「操作」的：假如你是州牧，當你想任命自己管轄範圍內的太守，你會上表向皇帝「申請」，不過你沒打算得到回覆，也不計較皇帝答不答應（反正也是傀儡）。假如你只是一股新興的個人勢力，當你佔領了一個地方，你也可以自己上表，或請比你強大（高級）的軍閥（地方長官，例如州牧）給你上表「申請」。會不會同時間出現多過一個「申請」？當然會，屆時就戰場上見真章，「誰大誰惡誰正確」！

自命清高和自甘墮落？——管寧與華歆

華歆年少時和**管寧**是好朋友，常常一起生活和學習。有一次，兩人在菜園鋤地種菜，竟然從泥土裏翻出一塊金子來。管寧視錢財如糞土，舉起鋤頭便要把金子如瓦石般鋤爛，旁邊的華歆覺得好好一枚金子鋤爛了很可惜，便俯身把它拾起來，丟到遠處去，也不據為己有。又有一次，他們同坐一張席子讀書，外面有達官貴人乘坐華貴的馬車經過，管寧不為所動，華歆卻放下書本，走出門外觀看。當華歆返回屋裏，發現席子已被管寧割成兩半，管寧對他說：「我們不再是朋友了，大家分開坐吧。」後來人們便把絕交稱為「割席」。

我們常用這故事突顯華歆勢利、管寧清高。但你以為管寧真的從此就跟華歆絕交嗎？所謂「認真就輸了」，華歆和管寧關係其實好到不得了，這割席，只是管寧和華歆

鬧着玩而已。他倆跟另一個差不多年紀、名字叫**邴原**（粵音丙完）的人長期一起活動，以至時人把他們三個合稱「一龍」——東漢的人果然很會改外號。

東漢末年，董卓劫持漢獻帝，天下亂成一團，處處都是賊兵。華歆與一個叫**王朗**的朋友乘小船逃難，途中遇到一個陌生人，要求兩人帶他逃走。華歆極力反對，王朗卻說：「船上還有空位，能夠幫人的話何樂而不為？」終於也讓對方登船。後來賊兵追至，王朗發覺小船速度因為多坐一人而減慢，便和華歆商量把那人踢下船去。華歆義正詞嚴的說：「我當初反對，正是擔心這個情況。但既然答應了幫人，豈可在危難時才背信棄義？」華歆堅持帶着那人逃走，幸好最終也擺脫了賊兵。

華歆不像管寧自命清高，並不代表他庸俗貪財；華歆也不像王朗般濫幫人，其實只是量力而為，答應人家的事卻必定辦到。華歆自小便羨慕做官的人，結果他自己的官做得很大，而且做得很好，曹操、孫權都爭相招攬他。華歆大部分時間都效力曹操，他為官清廉，就連俸祿和賞賜都送給別人，退休時沒有多餘的財產，因此史書對他的評

價十分高。

至於管寧，他長大後的性格依舊不改。管寧瞧不起大部分的人，在山上過着半隱居的生活，不問世事。別人慕名拜訪他，他有的見，有的不見，但禮物悉數退回。

另一方面，華歆始終沒忘記管寧這個好友，也真心佩服他的才學，於是常向曹操、曹丕推薦他。朝廷多次下旨封管寧做大官，甚至為他準備大屋、侍從，管寧都不為所動，還笑着對華歆派來的人說：「華歆一心只想做官，他自然覺得這官位很了不起，可是我卻毫不在乎呢！」管寧很了解華歆，常常拿他開這種玩笑。

管寧的歷史評價極佳，事實上他的清高是貫徹始終，絕非喬裝出來。也許管寧就像俗世中的一股清泉，很值得人去欣賞、讚美吧！然而我對於只供欣賞、讚美的東西很有保留，這於國家、於百姓有甚麼用處啊？我們站在道德高地去批判別人很容易（當然要像管寧般以身作則，又非一般人能夠做到），但是除了批評和瞧不起人之外，對社會又有甚麼實質貢獻呢？管寧的存在價值，未必比得上一個盡心耕種的農夫，更遑論華歆了。

1 聽說華歆逃難還有另一個版本，是嗎？

是的，有人說華歆逃難時走的是陸路，而不是水路；一起逃難的是不知名的同伴，而不是王朗。在這個版本的故事裏，其中一位同行的人不幸掉進井裏，就在賊兵逼近時，其他同伴都想先行逃跑，唯獨是華歆不放棄營救落井的人。兩個故事情節雖然大有不同，但有關華歆的描述還是接近的。也有人說，華歆堅持救人是為了揚名，但我必須強調，觀乎華歆的言行，他不太介意自己名聲；更何況，就算為了名聲而做好事，難道就不算好事嗎？

② 華歆真是個好人嗎？曹操欺負獻帝時，他根本就是助紂為虐！

你指的應該是這故事：獻帝被曹操帶到許昌後，就一直過着傀儡生活，獻帝和妻子**伏皇后**都不甘心，伏皇后曾暗中要求自己的父親除掉曹操，只是這位國丈不敢答理而已。後來事情敗露，曹操要處置伏皇后，當時是華歆親自進宮捉拿伏皇后。小說更為這段故事添油添醋，讓華歆在言語和行動上都顯得十分不敬，包括抓住伏皇后髮髻把她揪出來等等，儼然一副助紂為虐的樣子。其實這段故事並不符合華歆一輩子的性格和言行，就算華歆抱着討好曹操的心思，親自帶兵捉人，也不可能「親手」去抓伏皇后，拉拉扯扯成何體統？這種不要臉的行為真能讓曹操看得起自己？這當中有兩個可能：第一，華歆只是帶兵捉拿伏皇后，並未親自動手；第二，的確是華歆本人出手，但另有動機。怎麼說呢？獻帝也好，伏皇后也好，都是無勇無謀的傢伙，譬如伏皇后敢叫自己父親對付曹操，卻沒有承擔後果的勇氣，事敗了還妄想躲在宮裏，撒野似的不肯出來。如果讓粗暴的士兵們動手去抓伏皇后，只怕伏皇后才真要受辱呢！我認為，華歆親自把伏皇后找出來，唯一原因就是維護伏皇后的最後尊嚴，華歆怎可能揪頭髮？這是士兵才會做的啊！

東漢、三國

時勢造英雄而已
——劉備

諸葛亮那篇著名的《出師表》中，曾憶述劉備每次想起桓、靈二帝，都會痛恨、嘆息，真是個愛國愛民的好宗室呀！如果沒有桓、靈二帝，漢朝怎會落得如此下場？如果漢朝繼續蓬勃發展，你劉備哪需要這麼辛勞、挺身而出做那蜀漢皇帝？一輩子織草鞋不是很好嗎？

是的，劉備作為宗室子弟，但隔了許多代，根據宗法制度，早已淪為庶民。不過，宗室還是有一定的社會地位：譬如同宗族的人會互相往來，坊間對他比較尊敬，而且只要勤學，也更容易獲推薦到太學學習，或者獲舉薦做地方小官，就像他祖父和父親一樣。只不過，劉備本來就不是腳踏實地的人，要他到太學讀書，學問似乎差着一點點。

幸好，江湖風起雲湧，正是做大事的時候——講得直白些，東漢的不幸，可説是劉備的大幸！這些日子裏，劉

備認識了許多江湖草莽，並且受到大家的愛戴，漸漸有了些追隨者，其中當然包括**關羽**和**張飛**。劉備、關羽、張飛的桃園結義是假的，三人情同手足卻是真的。

黃巾之亂爆發後，劉備也帶着兄弟們加入了一些軍隊，立了一些戰功，做了一些小官，賺了一些名聲。孔融曾在治安非常危險的**北海**做地方官，那裏的賊兵比官兵還要兇惡。有一次，孔融被賊兵圍困，他派人突圍而出，前去向劉備求救，劉備驚訝地説：「想不到孔融也聽説過我劉備的名字！」孔融比劉備年長八歲，加上年少成名，早已名動天下，但劉備的名字也在不知不覺中傳揚開去。

當袁紹和曹操爭奪北方控制權時，劉備只是一個小有名氣、略有實力的人才（袁、曹屬州牧級別，劉備大概只是縣令水平），大家都想得到他幫忙，不因為他很能打，而是他的聲望夠好。劉備無論做甚麼官職，面對黎民百姓、江湖豪傑，以至同級官員都不擺架子，真正做到以誠待人，而且一視同仁，無論是為他效力過，又或者是被他管治過，都心甘情願跟着他，不肯離開他、背叛他。

劉備先後投靠過不少陣營，有時是曹操，有時是袁紹，

東漢、三國

他收留過呂布，轉頭被呂布搶去地盤，礙於形勢又在呂布底下辦事。可是，劉備名聲依然愈來愈高，而不像呂布被貼上「三姓家奴」的標籤。

從黃巾之亂開始，劉備跌跌撞撞的走了十幾年，始終一事無成。公元 201 年，劉備前去依附劉表，偶然聽説了諸葛亮的名字。身邊缺少謀士的劉備決定賭上一記，先後三顧草廬，用真心誠意打動諸葛亮，請他出山幫忙，從此劉備才算是真真正正踏上了爭霸的起跑線。數年後，劉備一夥人在赤壁之戰中協助**孫權**擊退曹操，並以荊州為根據地，認真經營自己的勢力。

所謂時勢造英雄，想要成為英雄，天時、地利、人和缺一不可；只不過，萬一真是條件不足，英雄還是能夠努力為自己把條件創造出來……噢，我説的是曹操。曹操是英雄造時勢，也就是創造時勢的大雄；劉備是時勢造英雄，被時勢所創造的英雄。

歷史小百科

1 為甚麼劉備和呂布都投靠過許多人，但劉備的名聲卻比呂布高許多？

　　同樣是投靠，劉備和呂布在心態上差很遠。呂布打架時英雄無敵，但面對地位比自己高的人，還是會有阿諛奉承的言語，以至被人誤會他亂認乾爹；另一方面，呂布又會埋怨人家對他不好，覺得自己應該得到更多，大家都認定他是反覆無常的小人。相反劉備氣度從容、言語得體，加上他的人望以及宗室身分，即便是依附別人，總是被對方當成上賓招待，彷彿「好不容易才等到你前來」的樣子。其實，這時候仍屬於漢朝，皇帝是身在許昌的獻帝，臣子的效忠對象應該是獻帝和漢朝，無論是面對袁紹、袁術抑或曹操，都談不上一個忠字，實在是呂布自己形象太差，才博得「三姓家奴」的稱號。

東漢、三國

② 劉備擁有過人的魅力，豈不是跟他的祖先劉邦一樣？

劉備和劉邦都是憑着個人魅力吸引大家追隨，但二人還是大不相同。劉邦是市井流氓，跟部下講義氣，江湖氣味濃烈一些，特別適合秦末的氛圍；劉備則是宗室之後，滿口仁義道德，頗對東漢士人的胃口。其實劉備本人，無論學識和教養，都跟士人差一大截，他第一次因功（討伐黃賊）獲封官沒多久，便遭無理解僱，劉備一氣之下，把那傳令的官員打了一頓。《三國演義》把這件事算到張飛的頭上，變成張飛打人，算是完整了張飛那魯莽衝動的個性，也保護了劉備的儒雅形象。

③ 曹操很看重劉備，是不是？

呂布以為曹操很顧忌他，其實曹操最顧忌的是劉備。曹操曾私下跟劉備說：「這個天下，堪稱英雄的就只有你和我而已，袁紹這些傢伙都不算數！」當時劉備正跟曹操一起吃飯，聽了曹操這話，嚇得筷子都掉到地上。曹操這樣說，既有籠絡劉備的想法，也有試探他的意思，但絕非毫無根據。曹操知道爭奪天下，人心、民心十分重要，這一點劉備自帶光環，曹操是妒忌又羨慕（譬如曹操很想得到關羽，但無論他對關羽多麼好，關羽就是死心塌地跟着劉備）。

東漢、三國

4 劉備真的是時勢創造的英雄？假如沒有時勢，劉備便不會成功嗎？

我們就以三國領袖做例子，姑且想想：假設沒有董卓亂政，沒有何進被殺，甚至沒有黃巾之亂，曹操還是會在太學裏做出一些事情，讓世人知道他這號人物；江東的孫堅還是能夠打跑盜賊，從而進入官場，不放過任何一個立功機會；就只有劉備，如果沒有以上種種時勢，他大概還是會以織草鞋維生。

被小說神化了的關羽

在歷史的長河裏，可說是名將輩出，這很容易引人遐（粵音霞）想，希望知道誰才是古今第一猛將。譬如這東漢末年、三國時代以前，呂布、關羽等等都是很好的人選，如果把他們跟甚麼戰國四大名將或者西楚霸王項羽比較，又會是誰更厲害一些？

必須說，自從有了一部《三國演義》，不知不覺地故事變成了歷史。甚麼三英戰呂布、過五關斬六將，多麼的精彩！可惜這些都是虛構的情節，可惜！可惜！

關羽當然真有其人，但他的許多故事，都是被神化、被美化了的，用不着《三國演義》背這黑鍋，關羽老早就被真正放到神檯上面供奉，關公、關帝聖君，中國人誰不知道他！

關羽身材高大健壯，加上一把長鬍子，長得十分威

東漢、三國

武。他因為犯了大案（好可能是殺人案）而逃離家鄉，偶然認識劉備，從此便鐵了心追隨他。可這時候，劉備自己也在追隨別人。有一次，關羽跟着劉備拜訪曹操。看着比自己矮上一大截的曹操（約 155 厘米高），關羽知道他絕不簡單，暗中建議劉備殺死曹操。可劉備怎會無緣無故殺人呢？最後只好不了了之。

　　就在曹操和袁紹快要開戰前，劉備因為不滿曹操脅持獻帝而反目，另外投靠別人，後來曹操、劉備打了一仗，劉備敗走，關羽被擒。曹操很喜歡關羽，所以對他很好，可是關羽不肯背叛劉備，不斷強調自己始終會返回劉備身邊。曹操還不死心，便派部下**張遼**前去試探。張遼跟關羽是同鄉，兩人又是一樣的英雄豪傑，平日十分投契。後來，張遼回報曹操說：「關羽很講義氣，絕不會背叛劉備；也因為他很講義氣，所以一定會為你立一兩件大功，當作報答才離開。」有人勸曹操殺了關羽，被曹操拒絕。

　　官渡之戰爆發，袁紹麾（粵音輝）下有兩員大將，都很勇猛。關羽在千軍萬馬中斬殺其中一人，讓曹操旗開得勝。曹操得知戰果後，猜測關羽將要離開，於是加倍地賞

賜他，可是關羽還是走了，所有賞賜原封不動。這時候，又有人勸曹操追殺關羽，曹操再次拒絕。

關羽的勇猛，可不只體現在行軍打仗。他手臂曾經中箭，傷口癒合後仍隱隱作痛。醫生告訴他這是因為箭頭有毒，毒素留在骨髓裏面，必須重新切開傷口，清理受感染的骨頭，方可真正痊癒。關羽便伸出手臂讓醫生開刀，同時談笑自若地跟下屬下棋。其實，歷朝歷代都有受傷的武將接受類似治療，關羽並非唯一一個，但好可能是第一個，也是最具代表性的一個，後來那些武將，都被人拿來跟關羽做比較。

我們都知道關羽的戰鬥力超強，但他仍然很想獲得別人認同。**馬超**投降劉備後，身在別處的關羽立刻給諸葛亮寫信，向他打聽馬超武功，想知道誰才是劉備陣中第一猛將。諸葛亮怎可能不知道關羽心思？於是便回信告訴他：「馬超非常厲害，足以和張飛相提並論。」意思就是稍遜關羽，關羽聽了十分滿意。又有一次，劉備封賞關羽和**黃忠**，兩人地位相等。關羽又鬧脾氣，認為自己是獨一無二的第一人，結果要頒詔書的使者好言安慰，才讓他平伏心情。

關羽這種自信不知打從哪來，搞不好又是由自卑變成自大。當然，不想讓年輕的馬超趕過自己，又羞於和老將黃忠並列，這心情我明白。但有一次東吳領袖孫權希望關羽把女兒嫁給他的兒子，關羽竟然覺得孫權兒子配不起自己女兒。雖然雙方處於對立狀態，但政治婚姻正好用來改善關係，劉備就娶過孫權的妹妹啊！關羽卻肆意瞧不起別人，提早寫下了自己悲慘的結局。

因為劉備整體實力有限，關羽再勇武，早期也是常常吃敗仗，直到赤壁之戰後才開始吐氣揚眉。劉備轉戰**四川**，只留下關羽鎮守荊州，抵抗曹操和孫權。這期間關羽充分顯示了他的將才，讓敵人又驚又怕，號稱威震華夏——「**樊城**之戰」中，他打得曹操考慮遷都（指許昌）呢！不過，曹操立刻重新振作，派人聯絡東吳，希望他們從後方攻擊關羽。曹操本是孫權和劉備的共同敵人，但孫權受了關羽不少閒氣，最後答應曹操出兵攻打關羽後方，關羽猝不及防，兵敗如山倒，最後被擒殺。關羽戰死距離那威震華夏的「樊城之戰」才四個多月，人生的轉折實在是太大了。

歷史小百科

① 相傳關羽斬殺過許多猛將，到底哪些是真？哪些是假？

　　百萬軍中取敵將首級，聽起來非常浪漫，但不符合事實。真正的大將都是在後面指揮，就算好像項羽站到最前線，總不能一心找對方大將「單挑」。沒錯，兩軍對壘，由武將出來單挑，大部分都是「小說家者言」。即便如此，正史《三國志》（不是小說《三國演義》）還是貢獻了一條有關單挑的記載：關羽發現了**顏良**（袁紹麾下猛將）的位置後，「策馬刺（顏）良於萬眾之中，斬其首還」，袁紹的兵將沒有人能夠擋住他。至於《三國演義》裏，關羽又斬了袁紹另一員猛將**文醜**，但這位文醜應該是死於亂軍之中，而不是關羽刀下；後來關羽離開曹操，因為曹操容許關羽離開，加上記載的路線不對，所以「過五關斬六將」都是假的。順帶一提，我們心目中的關羽總是拿着那柄大關刀——小說裏叫「青龍偃（粵音演）月刀」，因為關羽的關係，我們都叫它做「關刀」。但其實這種關刀要等到八百年後的宋朝才有記載，三國時代根本沒有這種兵器，所以《三國演義》裏的關羽連兵器都是假的。

② 關羽武功這麼厲害，你怎麼可以說他自卑呢？

　　《三國演義》造假的地方，可不止關羽的戰績。小說裏關羽和張飛的藝術形象都很威武，其中關羽正氣凜然，忠貞不二，而且有頭腦，會下棋讀書；相反張飛魯莽衝動，經常熱血上腦。其實張飛才是長得好看的那位，他原是大戶人家的子弟，擅長畫畫，品性儒雅；至於關羽，卻是最容易被激怒，年少時便在家鄉犯了殺人大案，從此過上流亡生活，好不容易認識了劉備和張飛，三人情同手足。這三人裏面，關羽出身最差，我不肯定他是否耿耿於懷，但仔細想想，關羽武功的確厲害，卻也是他唯一值得自豪、唯一可恃的條件，所以他時刻提醒自己、提醒別人這一點，也讓他最重視的劉備大哥知道，「我關羽才是你最重要的武將」。

③ 孫權為甚麼幫助曹操對付關羽？

　　赤壁之戰前，劉備幾乎沒有固定根據地（他曾短暫做過代理州牧，很快便被趕走），不具備與曹操、孫權爭雄的條件，單純計算實力，甚至和孫權對等地聯手的資格也沒有。赤壁之戰後，孫權把荊州借給劉備做根據地，讓他發展自己的勢力，約定將來劉備得到其他地盤後便歸還荊州。孫權所以答應借荊州，目的是為曹操多豎立一個敵人，也是認為合孫、劉之力，才足以跟曹操對抗。可是「劉備借荊州，一借無回頭」，滿口仁義的劉備竟多次撒賴不還，並由關羽堅守，這做法其實已令孫、劉決裂。至於關羽拒絕跟孫權聯姻，只能說是錯過了一次修補關係的機會。

東漢、三國

④ 甚麼叫做「借荊州」？

　　在我們這套書裏，我盡量少講地名和地理常識，就為了讓大家對歷史人物有個基本概念。但「借荊州」是一個非常有名的典故（有借無還），而且也是三國利益所在，我簡單解釋一下。荊州位於今天湖北省裏面，算是中原的中心，自然十分重要。荊州原本屬於劉表，劉備投靠劉表時便在這裏長期活動。劉表死後，曹操派兵侵略，劉備無法阻止。後來曹操在赤壁之戰中敗給孫、劉聯軍，荊州也被聯軍奪回。這時候，孫權擁有江東偌大的地盤，荊州則是聯軍合力搶回來，劉備分得一半，他再向孫權提出全權打理荊州，獲得答應。其實，當時荊州仍有小部分在曹操手裏，餘下數郡再由孫、劉瓜分，所以劉備真正從孫權手裏借來的，僅佔荊州一部分；再講，荊州原是劉表的地盤，按關係也應該由劉備繼承，而輪不到孫權。孫權只是把自己剛佔領得來的兩三個郡交給劉備，此後便老是把「借荊州」掛在口邊，這也有欠公允、太不厚道。

⑤《三國演義》說，我國古代最著名的醫師華陀幫關羽刮骨療毒，這是不是真的？

不是真的。**華陀**的確真有其人，醫術也真夠高明，同時也是三國時代的人，但早在關羽刮骨療毒前便遭曹操殺死。為甚麼《三國演義》要這樣說？一來華陀名氣大，他「客串」醫師一角戲劇效果更佳；二來刮骨療毒這種高級手術，由華陀親自操刀合情合理。其實，羅貫中（《三國演義》作者）也太小看華陀的醫術了——華陀發明了麻藥，他真要幫關羽開刀，哪用得着關羽忍痛？

聰明，但不是那麼聰明的諸葛亮

被《三國演義》神化了的何止武將？諸葛亮受惠要更多，你幾乎以為他是古往今來第一聰明人！

諸葛亮在一個叫做**南陽**的地方過着隱士似的生活。他也有些名聲，但只有當地人知道，而且不是人人認同。後來，有一位叫做**黃承彥**的名士願意把女兒嫁給他，他立刻答應，結果此事成為鄉人笑柄：「不要學孔明娶妻，娶了黃承彥的醜女兒！」或許這位黃夫人也不真的很醜，但自古英雄配美人，當世有孫策配大橋，周瑜配小橋，諸葛亮這一對「CP」的反差大了不只一點點。不過，這也突顯了諸葛亮「娶妻求淑婦」，正如黃承彥介紹自己的女兒時說：「相貌醜了一點，但才華足以和你相配。」這樣看來，周瑜就顯得膚淺了些。

劉備在當地活動時，聽到了諸葛亮的名字，於是「三

顧草廬」，請他出山幫忙。這是諸葛亮考驗劉備的誠意——
這時候的諸葛亮絕非炙（粵音隻）手可熱的「當紅炸子
雞」，而是無人問津的「自大狂」（他常自比**管仲**、**樂毅**，
鄉里都嘲笑他），要是劉備不耐煩、從此不再找他，豈不是
弄巧反拙（粵音絕）？我認為諸葛亮這樣做並非為了自抬
身價，而是要看清楚劉備能否造就，畢竟跟其他軍閥相比，
劉備就只有「人望」這個優點，而這份人望則來自他的仁
義。

　　諸葛亮和劉備分析天下形勢，提出了「三分天下」的
策略，這對一事無成的劉備來說，簡直就像發夢一樣！當
時曹操勢不可擋，孫權也漸漸站穩陣腳，我劉備竟然可以
跟他們平起平坐？事實證明諸葛亮果然厲害，他不但看出
三分天下這個可能性，更重要是擁有將這可能性實踐出來
的執行力。規劃是一個優點，執行也是一個優點，諸葛亮
兩個優點全擁有！

　　然而，諸葛亮的才華也到此為止。《三國演義》把諸
葛亮描述成上知天文，下識地理，無所不知，無所不曉，
孫、劉聯手對付曹操時，周瑜處處想贏過他，卻屢屢自討

沒趣，自取其辱，最後甚至被氣死，其實這些都是虛構。

赤壁之戰主要是孫權、周瑜打贏曹操，劉備也好，諸葛亮
也好，他們都有功勞——參與的功勞。

　　赤壁之戰結束後（公元 208 年），諸葛亮協助劉備向
西發展，很輕易便得到**益州**，然後很辛苦地終於也取得**漢
中**，他們才算真正擁有了四川。公元 219 年，劉備自立為
漢中王。這段期間，諸葛亮協助劉備把四川打理得井井有
條——因為有他在後方助陣，劉備每次出征，都無後顧之
憂，甚至要兵有兵，要糧有糧，諸葛亮總會想法子幫你解
決。

　　一提起諸葛亮的身分，最先想到的大概是「軍師」；
其實，諸葛亮表現最亮眼的工作是「丞相」才對。同樣是
智慧，戰場上的智慧和管治上的智慧是不同的，諸葛亮兩
者俱備，但應該更擅長民政。早期諸葛亮陪着劉備征戰，
等到獲得益州，兩人便分工合作，劉備負責在前面領兵，
諸葛亮負責管理地方（國家）。再後來，劉備死了，兒子
劉禪繼位，又換成諸葛亮跑上前線帶兵。這期間，諸葛亮
五次北伐，都以失敗告終，最後一次更留下「出師未捷身

先死」的千古遺恨。有人說，這不是諸葛亮才幹不足，實在是蜀漢和魏國國力相差太遠了，蜀漢要消滅魏國，頗有些痴人說夢，諸葛亮就是抱着「鞠躬盡瘁，死而後已」的決心來報答劉備的知遇之恩。我倒想探討一下，「明知不可為而為之」這種決心，到底是對還是不對？當然了，你參加體育競賽，就算明知不可能贏也要完成賽事，這叫體育精神；但許多時候，事情真的不像體育運動的動機那麼單純，不能用體育精神解釋一切。

　　但我還是對諸葛亮給予肯定——他五次北伐，卻沒對蜀漢造成巨大的財政負擔，相反蜀漢國力還有所增加，正正顯示了諸葛亮在民政和管治上面的出眾能力。

東漢、三國

三國鼎立形勢圖

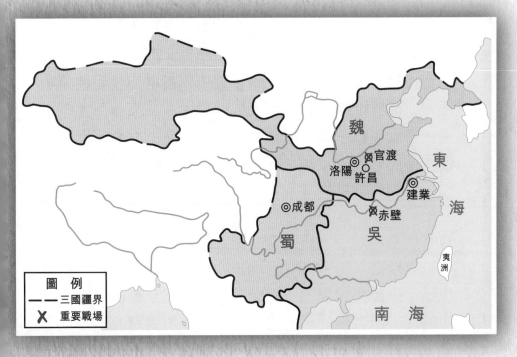

魏

官渡

洛陽

許昌

東海

建業

成都

赤壁

蜀

吳

夷洲

圖例

——— 三國疆界

X 重要戰場

南海

歷史小百科

1 諸葛亮娶妻的故事是怎樣的？為甚麼大家都取笑他？

首先，諸葛亮出山前的名氣真不怎麼樣（諸葛家有些人混得不錯，但都沒有惠及諸葛亮，而諸葛亮本人連名士都算不上），所以他過了娶妻年齡還沒找到合適對象——尋常村婦他看不上眼，世家大族卻又看不上他！另一方面，黃承彥名氣頗大，可都無法把女兒嫁出去，迫不得已只好找上諸葛亮，坦白道：「聽說你想娶妻，碰巧我有個醜女兒，髮質泛黃、膚色黝黑，但才華跟你匹配，你要還是不要？」諸葛亮一見黃承彥，心想這也算是門當戶對了，便立刻答應。黃承彥大喜過望，他怕諸葛亮反悔，第一時間便用車把女兒載到諸葛亮的草廬成婚。諸葛亮說自己不追求名利，那是玩假的，自比管仲的人，怎可能「不求聞達」？與其說諸葛亮看中黃承彥女兒的才學，不如說他看中黃承彥本人的人脈關係，畢竟他不是生神仙，不可能知道不久將來真會有個願意三顧草廬的劉備請他出山，那麼他只好靠黃承彥了。

東漢、三國

② 上面提到諸葛亮的才華「到此為止」，這是甚麼意思？

我意思是說，「三分天下」的功業的確偉大，能夠把它完成，諸葛亮也的確厲害，只不過當我想到這是諸葛亮第一次見劉備時就提出的計策，難免感覺有些納悶。你試把自己當劉備，當你聽到諸葛亮提到三分天下時，你會以為這是第一步，只要能夠做到三分天下，接下來便可以走第二步，或者是統一天下吧？誰知道呢？可是，當你千辛萬苦地走完這一步，才知道這第一步也是最後一步、唯一的一步！諸葛亮當然明白大家對他的期望，所以完成三分天下後，他還是決定繼續前進，邁出這第二步，結果是失敗、失敗，連續五次失敗，用事實告訴你，他原來真的只有三分天下這唯一一招。

③ 所以，諸葛亮也是個名不副實、名過其實的人嗎？

我的結論是：諸葛亮沒錯是很聰明，但跟**張良**、**劉伯溫**（明朝開國功臣）這些人相比，差距只怕不少！但我不認同「名不副實」這四字。首先，小說把諸葛亮神化，這不是他的錯；其次，蜀漢百姓對諸葛亮真的讚譽有加，而且十分感恩。這些評價都是出於感激他把**巴蜀**治理得非常繁華，百姓都能安居樂業，生活十分充裕。是的，我一開始便說，諸葛亮真正擅長的是民政，這是毋庸置疑的。

改編小說的苦主——孫權與周瑜

《三國演義》裏劉備是主角，曹操是奸角，孫權只能當配角，配角難免要被弱化，相比曹操被醜化，真不知道誰更可悲？

被弱化的可不止孫權一人，還有他的父親和兄長，《三國演義》真對不起姓孫這家人。

要講孫權，就要從孫堅講起。孫氏只是在江東一帶從商的庶民，社會地位不高。那一年，孫堅才十七歲，跟隨父親出外做買賣，途中遇着海盜，孫堅智勇兼備地將他們逐走，結果藉着這次事件獲委任做縣吏，從此改變了他的人生。

黃巾之亂爆發後，孫堅召集鄉里組成軍隊參戰。孫堅作戰時勇往直前，破賊如破竹，累積了許多功勞，在全國有了小小的名氣。袁紹號召軍閥們討伐董卓，孫堅也立刻

參加，而且一馬當先，屢次擊敗董卓的部隊（真正跟董卓打仗的，只有孫堅和曹操兩人，孫堅打贏而曹操打輸），還斬殺了猛將**華雄**，只不過小說把這功勞硬塞給關羽。

後來，孫堅繼續轉戰各地（主要是協助袁術），只可惜在某次大破敵軍、乘勝追擊的時候，誤中對方預先設好的陷阱，傷重而死，結束了他少有敵手的一生。

這時候，孫堅的兒子孫策才十六七歲，很有孫堅的豪俠風範，在家鄉十分有名。周瑜和孫策同年，兩人一見如故，感情好得不得了。起初，孫策也像父親一樣效忠袁術，但他很快便發現袁術只顧自己利益，甚至想要吞拼他父親留下來的軍隊。於是，孫策暗中聯絡父親的舊部，趁袁術稱帝之際，同時發難脫離了他，並在周瑜支持下掃平江東，為孫吳政權打下良好的基礎。

這時候，年青的孫權經常為哥哥出謀獻策，顯現出孫堅、孫策都沒有的智計，孫策對這位弟弟不得不另眼相看。孫策被人暗殺、受了重傷，臨死前把一切全交給文質彬彬的孫權，說：「在戰場上生死決戰、和群雄鬥個你死我活，你確實不如我；但想要人盡其才、物盡其用，好好

經營江東，我不如你啊！」

　　歷史故事中，有關孫權的篇幅遠比曹操和劉備少很多，尤其在劉備的主角視角下，都覺得孫吳政權家大業大，和孫權本人沒甚麼關係。但其實不只孫策自認比不上孫權，就連曹操也說過：「生子當如孫仲謀！」論輩份和年紀，孫權比曹操、劉備兩人小了一輩。有一回（赤壁之戰的數年後），曹操大軍壓境，孫權為了視察敵軍狀況，竟坐上一隻小船，來到曹營前面。曹操生性多疑，他不知道孫權有甚麼圖謀，便不敢出兵，只命令部下不斷放箭。小船的其中一面插滿了箭，使得船身傾側，隨時翻沉，坐在船裏的孫權吩咐部下說：「你們把船調頭，讓另一邊受箭吧！」果然，當小船的另一邊也被射滿了箭，小船再次取得平衡。

　　是的，這是「草船借箭」的藍本，羅貫中再次把它當成諸葛亮的功勞。

　　被「草船借箭」矮化、抹黑的當然不只孫權一人。在那個故事裏，**魯肅**變成了諸葛亮的小迷弟，周瑜變成了偏執的妒忌狂，兩位當世最佳的謀士都走了樣。其實，在赤

壁之戰中，分析曹操和孫權兩軍形勢的是周瑜，制定火燒連環船計劃的是周瑜，讓**黃蓋**假意投降曹操，暗中發動火攻的也是周瑜……對了，周瑜也不曾讓諸葛亮幫忙「借東風」。

周瑜沒有妒忌諸葛亮，但他不放心劉備。赤壁之戰後，周瑜曾建議孫權軟禁劉備，沒想到孫權這次卻不聽周瑜意見，反過來和劉備合作，從曹操手上奪回荊州。周瑜在爭奪荊州的戰鬥中受了箭傷，身體狀況一天比一天差，卻不肯好好休息，他可能知道自己時日無多了，提起精神寫好一份計劃書，向孫權提出討伐**益州**。這次孫權答應了周瑜請求，周瑜興奮死了，可惜沒等到發兵，他便得了急病身亡（也很有可能是箭傷復發）。總之，周瑜不是被諸葛亮氣死的，他也沒有在臨死前喊出那一句酸味極濃的「既生瑜，何生亮！」這段故事，可說是羅貫中對周瑜最大的污衊（粵音滅）。

得知周瑜病逝，孫權悲痛莫名，難過地道：「周瑜死了，我以後還能夠依靠誰啊！」後來孫權終於做了皇帝，還時常對人說起：「沒有周瑜，今日我也做不成皇帝！」

周瑜

① 周瑜真的沒有妒忌諸葛亮嗎？

真的沒有。首先，周瑜向以器量聞名。周瑜跟孫策同年，孫堅戰死後，他哥兒倆搭擋掃平江東，那些孫堅的舊部，繼續效忠少主就算了，可不耐煩聽周瑜指揮，其中**程普**對周瑜態度很差。周瑜卻不計較，終於憑本事讓程普心服口服。其次，小說裏那些讓周瑜妒忌的場面，雖然戲劇性十足，真實性卻不大。歷史上不但沒有草船借箭，沒有借東風，諸葛亮也不會刻意去猜周瑜心思。這都是為了增加兩人對立的刺激感，說穿了，小說裏諸葛亮對周瑜的挑釁（粵音刃），跟楊修挑釁曹操的情節如出一轍。順帶一提，我國古人對周瑜評價一直很高，直到明朝時候《三國演義》面世，周瑜才變成大家心目中器量狹隘的傢伙。

② 周瑜沒妒忌諸葛亮的話，
他不放心劉備甚麼？

　　曹操看重劉備的地方，也就是周瑜不放心劉備的地方，兩位三國英雄所見自然是相同的。但這不放心，只是防患於未然。事實上，赤壁之戰前，劉備沒能力與孫權爭霸，赤壁之戰後，同樣也沒這個能力。但劉備有人望、有宗室身分，放任他不管，就不能排除各種可能。可惜孫權有另一種看法，他也不是小看劉備，只是從不同角度考慮，認為劉備可以牽制曹操，所以答應讓他在荊州立足。順帶一提，諸葛有三分天下之計，周瑜也有二分天下之策，這「二分」沒包括劉備在內，他打算自己攻打益州，奪得四川，和曹操南北分治。如果周瑜不死，只怕諸葛亮的三分天下不容易成功。

③ 曹操感嘆「生子當如孫仲謀」，他的兒子都不成才麼？

曹操這話還有下一句：「劉景升（劉表）的兒子就像豬狗一樣！」所以這話的比較對象是劉表的兒子才對。劉表兩個兒子，一個是忠厚的**劉琦**（粵音奇），他和劉備交好；另一個是典型的「二世祖」**劉琮**（粵音從），劉表廢長立幼，把荊州交給他，他卻在劉表死後、曹軍壓境之際，立刻投降了曹操。這時候，劉琮應該還在曹操那裏做官，如果讓他聽到了曹操這說法，不知有何感想？

④ 可以介紹一下赤壁之戰嗎？

赤壁之戰發生在公元 208 年，曹操在奪得荊州後，決定乘勝追擊，消滅劉備，同時寫信給孫權要他投降。孫權在周瑜、魯肅的支持下，決定反抗到底，並派人打聽劉備參戰的可能性。雙方在赤壁這個地方集結，但在開戰前，曹操軍隊已鬧出疫情，加上北方士兵不善水戰，便用繩索把戰船連結起來，好等士兵在船上也「如履平地」。周瑜派黃蓋詐降，乘船靠近曹營時突然點火，衝向對方戰船，這就是火燒連環船的由來。這一戰曹操大敗，元氣大傷。

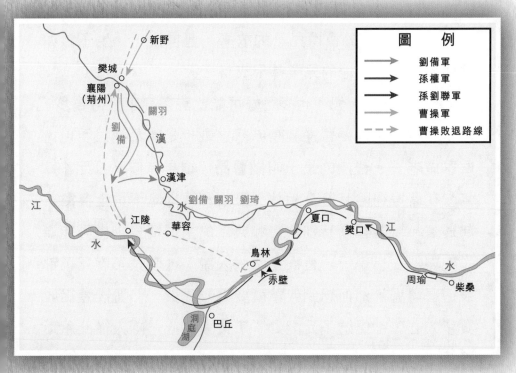

—赤壁之戰示意圖—

圖　例

劉備軍
孫權軍
孫劉聯軍
曹操軍
曹操敗退路線

誰在釜中泣——曹丕還是曹植？

　　這是一個關於曹操兒子的故事。曹操說：「生子當如孫仲謀」，難道他的兒子都不成材？

　　曹操妻子多，兒子也多，好可能比許多皇帝來得要多，所以便有人戲稱，曹操發動赤壁之戰也是為了把二喬也搶回家做老婆。曹操的長子叫做**曹昂**，很早時候（公元 197 年）在曹操遇險時挺身相救，最終和曹操麾下勇士**典韋**一起遇害。可能曹操特別珍惜和典韋的主僕情分，也可能為了突顯他愛惜部下，曹操竟然對人說：「我長子戰死了都沒這麼難過，然而想到典韋就要傷心痛哭。」曹操這話收買了人心，卻傷透了元配妻子**丁夫人**的心，兩人從此恩斷義絕。

　　曹操還有一個叫**曹沖**的兒子，相傳他年紀小小就想出秤象的方法，是個天才兒童，可惜在十三歲上頭病死。跟

東漢、三國

曹昂不一樣，這一次曹操難過極了。曹沖的哥哥**曹丕**（粵音披）好心勸曹操，一輩子都在權鬥的曹操忍不住説出心底話：「這的確是我的不幸，卻是你的大幸！」曹沖在世時，曹操不曾直説，現在人都死了，他也不怕告訴你曹丕，要是曹沖在生，輪不到你來當世子，繼承我的一切。

曹植同樣被後世捧得很高，一個七步成詩的故事把他講得好像很聰明似的，甚至比曹丕聰明。曹操真笨呀，簡直應該傳位給他！其實這是一種大大的錯覺。曹植，也就是文采好罷了，但也沒甚麼了不起，當然不是跟你我比，而是跟他哥哥曹丕比，跟他父親曹操比！是的，曹操、曹丕文學水平都是高的，尤其曹操，這傢伙就是長得不怎麼樣，又矮，否則他也算得上文武雙全！袁紹、劉備唯一勝過他的，就只有比較好看而已。

由於曹操本人文武雙全，要入他法眼，曹丕、曹植得加把勁了。當然，他們兩個無論如何都比不上曹操，但領袖不需要十項全能，懂得用人才是最重要，所以曹丕和曹植都有自己的「智囊團」。曹丕身邊都是一些老成持重的老臣子，曹植身邊則是一些才情洋溢的「文友」。其中一

人叫做楊修。

　　楊修是楊彪的兒子，祖先四世三公，楊修遺傳了他們的才智，甚至有過之而無不及。要是單講智商，楊修不在諸葛亮、周瑜之下，甚至可能是當世第一人。有一次，曹操和楊修同行，路上遇見一塊石碑，碑上隱藏了一個謎語，立碑五十餘年無人看得明白。曹操指着石碑問楊修，楊修看了一眼便想出答案。曹操十分意外，便對楊修道：「你先不要說，讓我想想！」曹操一邊走，一邊想，走了三十里後才解開謎底。曹操嘆了口氣，又道：「我才幹比不上你，這中間差了三十里！」都說曹操妒才，其實梟（粵音囂）雄的器量怎可能小呢？梟雄應該有信心去用這些人才才對！妒才的批評對曹操太不公允。

　　曹植在政治上表現不俗，曾經一度打動曹操，可是後來曹操發現，這些都是楊修在背後教他。原本作為「智囊」，楊修提供意見讓曹植參考是應該的，曹植也能從中得益，但他倆的做法近乎「請槍」、「出貓」，和「補習」大不一樣。這樣的事情一再發生，曹操對曹植徹底失望了。

東漢、三國

公元 219 年，曹操心中決定了繼承人選，便下令殺死楊修。不是説梟雄不妒才，而且要有自信駕馭他們嗎？是啊！曹操當然對自己有信心，他只是對曹丕沒信心而已。殺楊修，是為了幫兒子去除一個潛在的麻煩，而這已不是曹操第一次這樣做。

不到一年，曹操逝世，曹丕繼承了父親的丞相職位和爵位，更在同年年末逼獻帝退位，自己做了皇帝。這一年是公元 220 年，長達四百年的大漢皇朝正式結束。

相傳曹丕對曹植一直不放心。有一次朝廷出了大案，曹丕懷疑曹植牽涉其中，但曹植矢口否認，並強調兩人之間的兄弟情分，絕對不會背叛兄長。曹丕於是説道：「那好！我就限你七步之內賦詩一首，説説你我情分。要是作不出來，我只好依法把你處死！」曹植想了一想，隨即吟道：「煮豆燃豆萁，豆在釜中泣。本是同根生，相煎可太急！」

到底這首詩裏，誰是被煮的「釜中豆」，誰是被燒的「豆萁」呢？許多人都以為，釜中豆飽受猛火煎熬，又在哭泣，一定是曹植自己了！而曹丕則在鍋底燒着猛火在煮

他呢！其實大家都忽略了一點，在曹丕面前裝可憐有甚麼用？哭哭啼啼他看得起你嗎？釜中豆被煮，將成為一盤豆羹；相反，豆其被燒成灰燼，目的就是為了幫釜中豆變豆羹。釜中豆哭泣，不是哭自己在釜中很燙，而是哭釜下的豆其，火燒得愈急，它愈快化灰！所謂「一將功成萬骨枯」，兄弟同根而生，你是豆（世子），可以成為豆羹（皇帝），我是豆其，原本就要為了造就你而犧牲，你是否可以多體諒我一下呢！

「釜中豆」曹丕沒有哭出來，但他也感到一陣愧疚，終於放過這位弟弟。

曹植

曹丕

歷史小百科

① 七步詩真的是曹植所寫的嗎？它還有其他版本嗎？

　　故事裏引用的五言詩，絕不是曹植寫的。七步詩最早出現在《世說新語》一書，與曹植的時代相差兩百年。書中記錄的原詩是這樣的：「煮豆持作羹，漉菽（粵音淑）以為汁；萁（粵音其）在釜下燃，豆在釜中泣；本自同根生，相煎何太急。」六句詩比較符合當時的五言詩體，至於比較通行的四句詩，是後人根據六句詩改寫。這六句詩除了用上兩句來描述煮羹過程，「萁在釜下燃，豆在釜中泣」這兩句對等地描寫了豆和萁，使整首詩不會偏向任何一方。

東漢、三國

2 曹丕真要殺死曹植嗎？

我認為絕對不是這樣。假設記載是事實，曹丕是想利用七步詩救曹植才對。首先，在背後中傷、誹謗曹植的大臣一定不少，利用大案牽連曹植亦可能另有其人。只要牽涉大案，曹丕要嚴懲曹植是很「合理」，就算偽造證據也很容易；相反，「吟不出詩」在任何情形下都不會是處死曹植的合理依據！殺人，要有理，放人，才可以講情。其次，七步成詩？那是「才高八斗」的曹植啊！就算曹丕自己要在七步裏吟詩一首也不太困難呢！容我再次提提你，我們現在講的是歷史上有名的文學家呢！

③ 「才高八斗」是甚麼意思？

我們都知道，「石」、「斗」都是我國古代的容量單位，一石等於十斗。東晉時有一位名叫**謝靈運**的詩人對曹植推崇備至，他說：「假使當時天下有一石的才華，曹植一人便獨得八斗！」這就是成語「才高八斗」的由來。我不得不說，曹植的確有極高的才情，但所謂「文無第一」，文學這東西本來就很難作出比較，不要說孔融、楊修他們，就是曹操、曹丕父子，即便詩風不同，也不會比曹植差多少。這種誇張的讚譽，是透過貶低其他人來抬舉曹植，我覺得這反而是對曹植的一種侮辱。

④ 故事裏說曹操不只一次為兒子「去除麻煩」，那是甚麼意思？

有一個少年叫做**周不疑**，比曹沖年長四歲，兩人很是友好，因為他們都是智力相當的天才，所以特別投契。曹操當時十分欣賞周不疑，覺得他很可以做自己兒子的朋友，甚至想把女兒嫁給他。曹沖十三歲時病死了，曹操立刻便把周不疑殺死。曹丕以為曹操悲憤過度，曾試着勸止他，曹操冷冷地對他說道：「他跟你弟可以是一個很好的搭檔，卻不是你所能夠駕馭的。」

最不幸又最幸運的傀儡皇帝──漢獻帝

漢朝來到尾聲，我當然要談談它的最後一位皇帝，漢獻帝劉協。

獻帝是歷史上最有名的傀儡皇帝，是最不幸同時也是最幸運的傀儡皇帝。怎麼說呢？

首先，獻帝不是無能昏君。公元 189 年，董卓第一眼見到八歲的劉協，就讚他聰明、機靈，並讓他取代兄長成為皇帝。當然，許多皇帝小時候都很聰明，所以才被立為太子，長大後卻不怎麼樣（小時了了，大未必佳？）。公元 196 年，十五歲的獻帝被曹操接到許昌供養起來，之後的二十五年裏，可能在心態上一直處於憂患，獻帝十分警惕自勵。這很難得，畢竟歷史上有許多傀儡皇帝選擇自暴自棄，反正政事不能過問，倒不如盡情享樂吧！這種「昏君」通常很受把持朝政的權臣歡迎，但也是廢立皇帝的好

藉口，至少獻帝沒有甚麼給曹操挑剔的毛病。

獻帝的另一個不幸，就是長壽（尤其在東漢皇帝裏，簡直數一數二），所以足足當了三十年傀儡皇帝，也足足忍辱負重了三十年！噢！不只這樣，獻帝在三十九歲時被逼禪讓曹丕，之後他又多活了十四年。

不過，獻帝也算是最幸運的傀儡皇帝。這又怎麼說呢？

曹操、曹丕父子，甚至曹丕的繼任人**曹叡**（粵音銳），對獻帝都是禮數十足。慢着！曹操不是派華歆去抓伏皇后嗎？而且傀儡皇帝的意思，就是被人操縱，皇宮裏由宦官、宮女到士兵都是曹操的人吧？不錯，這些都是事實。所以大前提是獻帝認清事實，乖乖當個傀儡皇帝，不去「干涉」政務，不去妄想奪回政權，只在適當時侯坐到龍椅上面擺擺樣子、點點頭，也就可以安心過你錦衣玉食的生活，曹操也不會有一點臉色給你看（誰耐煩經常來見你）。至於好像你伏皇后想對付曹操，又不許曹操報復，那不是有點「只許州官放火」嗎？再講，你獻帝不想想，你在長安時候的日子是怎麼過的？董卓那些人隨時出入皇

東漢、三國

宮，凌辱宮女甚至公主和后妃，你都忘記了嗎？

　　獻帝的第二個幸運，就是他讓位給曹丕後，獲封山陽公，此後十餘年，日子過得很舒適。過去多少廢帝被逼禪位，不久便給害死？就算不死，待遇能有你好？曹丕答應天下一切珍寶與你共享，你死後曹叡穿素服發喪，這多難得啊！

　　或許有人會說，姓曹的把漢朝的天下都取去了，這不過是貓哭老鼠。這就是我最後想講的：曹操沒欠你漢朝，也沒欠你姓劉的甚麼！打從東漢開始，外戚、宦官欺負皇帝年少，肆意弄權，這些皇帝想法子奪回政權，我是明白的。但曹操是這樣的人嗎？東漢是給桓、靈二帝玩壞了的，把皇帝從皇宮裏揪出來的也是宦官和董卓！曹操呢？曹操是跑到已成廢墟的洛陽把你獻帝撿走，再建一座皇宮把你供養起來，的確，曹操目的就是為了利用你的皇帝身分來號令諸侯，但沒有了你，對曹操影響也不太大，譬如袁紹當初就不想要你了！相反，沒有曹操，你可能已死在洛陽，搞不好被其他賊兵或軍閥捉了去，日子過得更加生不如死。

後來伏皇后事發，為免麻煩，曹操把三個女兒嫁給獻帝，讓自己做那唯一的外戚。或者又有人說她們都是替曹操監視獻帝，但曹操大可不給獻帝皇后啊！我也不曾看見有關她們對獻帝不敬的記載。

可以說，曹操把獻帝從水深火熱中拯救出來，然後給與獻帝一切皇帝應有的享受。但對不起，這皇權曹操不給，那可不是從獻帝手裏奪走的，因為這皇權，獻帝壓根兒不曾擁有過！這皇權，是獻帝那個把宦官當爹娘的父親丟掉的！

東漢、三國

◆ ◆ 給看完本書的讀者的話 ◆ ◆

　　第五本《一天一個歷史小故事》，記述了東漢以及東漢末年羣雄爭霸的故事。而這羣雄爭霸的部分，正正就是我國四大名著《三國演義》所描述的三國故事。

　　要說是三國故事，又有點名不副實。我們都知道，三國就是魏、蜀、吳，而《三國演義》最精采的部分，自然是魏、蜀、吳的代表人物，曹操、劉備、孫權之間的角逐。但其實，曹操一生並未稱帝，劉備稱帝兩年後也死了；《三國演義》另一核心，桃園結義三兄弟的關羽和張飛，更比劉備早死。原來，《三國演義》最深入民心的部分，都是三國真正建立之前的種種。

　　漢獻帝劉協禪位給曹丕，東漢正式結束，自此三國分別稱帝，當然也有許多故事，但相比之下，就顯得黯然失色，甚至有些乏味，我便不多談了。唯一值得講講的，就只有後來篡魏自立的司馬氏，我把他放到下一本書再告訴你。希望大家繼續和我、和這許多歷史人物，在歷史的長河裏暢遊吧！

一天一個歷史小故事

⑤ 東漢、三國

作　　　者：桃　默

責任編輯：何小書　蔡靜賢

封面及插畫：木　子

美術設計：BeHi The Scene

出　　　版：明窗出版社

發　　　行：明報出版社有限公司

　　　　　　香港柴灣嘉業街 18 號

　　　　　　明報工業中心 A 座 15 樓

電　　　話：2595 3215

傳　　　真：2898 2646

網　　　址：http://books.mingpao.com/

電子郵箱：mpp@mingpao.com

版　　　次：二〇一九年九月初版

I S B N：978-988-8526-24-6

承　　　印：美雅印刷製本有限公司